KLAUER · NORWEGEN ZU FUSS UND AUF SKI

3500 km von Oslo nach Kirkenes

BJØRN KLAUER

NORWEGEN ZU FUSS UND AUF SKI

PIETSCH VERLAG STUTTGART

Einbandgestaltung: Siegfried Horn

Fotos: Bjørn Klauer und Rainer Elfers

ISBN 3-613-50041-8

1. Auflage 1987

Eine Abteilung des Buch- und Verlagshauses Paul Pietsch GmbH & Co. KG.

Satz und Druck: Druckerei Maisch + Queck, 7016 Gerlingen.
Bindung: K. Dieringer, 7016 Gerlingen.
Printed in Germany.

Inhalt

TEIL I

Prolog

DIE IDEE ENTSTEHT

Der Sand ist allgegenwärtig. Im Schlafsack, in den Haaren und in der Butter. Der ständig bewölkte Himmel und der kalte Wind kann mich auch nach Tagen nicht zu einem Bad in dem Meer überreden, an dem ich die ganze Zeit entlanggehe. Aber all dies ficht mich nicht an. Ich bin zufrieden mit mir und der Umwelt – nur die Zeltplätze an den Stränden passen mir nicht. Dort halte ich mich nie länger auf, als für einen Einkauf nötig ist. Ich genieße die Freiheit, draußen zu leben, die Ungebundenheit. Ich genieße die würzige Meeresluft, den sich immer wieder verändernden Strand, die Steilküsten, die Sonnenuntergänge, die ich vom Lagerfeuer aus beobachte.

Ich bin gerade sechzehn Jahre alt, als ich auf meiner ersten Wanderung entlang der Ostseeküste, von Kiel nach Flensburg, das Leben draußen kennenlerne. Diese Erfahrungen lassen mich nicht mehr los. Ich fühle mich erst richtig wohl, wenn nichts anderes um mich herum ist als die Natur, keine anderen Geräusche zu hören sind, als die natürlichen und nichts anderes in der Luft ist, als die Gerüche der Natur. Ein Urlaub im Auto oder am Strand in der Sonne liegend, befriedigt mich nicht, hinterläßt in mir nichts.

Und so mache ich mich auf nach Skandinavien und entdecke dort die Natur, in der ich mich wohlfühle, die mir das gibt, was ich suche. Mir erscheint die baumlose Tundra auch bei düsterem Himmel nicht trostlos, und die fast vegetationslose Küste der Barentssee fesselt mich nachhaltig. Auch der norwegische Winter stellt sich mir nicht unwirtlich dar. Ich bin fasziniert von der Ruhe in dem verschneiten Wald, von der Atmosphäre, die die Natur jetzt ausstrahlt.

So wachse ich langsam in die Verhältnisse des Lebens vor der Tür, dem »Outdoor-Leben«, hinein. Ich lerne mit der Natur und ihren Gewalten umzugehen, das Wetter einzuschätzen, Gefahren aus dem Weg zu gehen, mich zweckmäßig zu kleiden und die Güter, die die Natur uns anbietet, zu nutzen.

Und es kommt die Zeit, in der mich diese maximal vierwöchigen Besuche der Natur nicht mehr zufriedenstellen. Kaum habe ich mich eingewöhnt, das zivilisierte Leben mehr oder minder von mir abgestreift, stehe ich dem Regen, Sturm oder der Kälte immer gleichgültiger gegenüber, so ist der Urlaub auch schon um.

Auch stelle ich mir die Frage, ob ich mir bei diesen Stippvisiten in der Natur nicht vielleicht etwas vormache. Ob mein Wohlgefühl immer noch anhält, wenn ich mich nicht mehr nach einer Woche Regen mit den Worten beruhigen kann: ›Naja, in ein paar Tagen liegst du zuhause wieder in deinem warmen Bett und hast ein dichtes Dach über dem Kopf.‹

Welches Verhältnis habe ich zur Natur, was zieht mich ständig zu ihr hin?

Langsam wächst in mir die Idee, einmal über alle vier Jahreszeiten hinweg, irgendwann, irgendwo ohne Unterbrechung die Natur zu erleben. Ein Traum, der mich über Jahre hinweg beschäftigt.

DIE IDEE WIRD ZUM PLAN

Eine größere, für die Dauer von mehreren Jahren geplante Reise gen Süden ist schon in ihrem Anfangsstadium gründlich gescheitert. Ich lebe in den Niederlanden, ziel- und planlos. Meine sporadischen Einkünfte reichen gerade für das Essen der nächsten Tage. Ich hänge in der Luft.

Es ist die besinnliche Zeit um Weihnachten. Ich liege in der Koje auf einer norwegischen, ausgemusterten alten Fähre, die hier im Hafen am Ijsselmeer auf einen Käufer wartet und mein Heim geworden ist. Der Sturm aus Südwest schaukelt das Schiff, die alten Hanftaue knarren an den Pollern, Wellen klatschen gegen den Stahlrumpf. Da kriecht meine alte Idee aus den hintersten Gehirnwindungen in den Vordergrund. Mir scheint die Zeit reif, die Chance einmalig. Es wird eine schlaflose Nacht. Meine Gedanken kreisen um das Projekt, werfen unzählige Fragen auf. Woher soll ich das Geld nehmen, wo will ich die Tour machen, reichen meine Erfahrungen aus, um in nördlichen Gegenden den Winter zu verbringen? Langsam schält sich aus diesem Labyrinth der Ungewißheiten eine Struktur heraus, die Planung beginnt.

Norwegen ist schnell gewählt. Die wechselhafte Landschaft dort fasziniert mich. Die Fjorde, die zum Teil schroffe Bergwelt, die Wälder, die nördliche Tundra. Norwegen liegt fast vor der Haustür, große

Beträge für die An- und Abreise fallen nicht an. Und – Norwegen ist mir nicht mehr ganz fremd.
Wenn es dann Norwegen sein soll, dann aber auch der Länge nach. Von dem noch relativ dicht besiedelten Süden, zum einsamen Norden, also von Oslo nach Kirkenes an der sowjetischen Grenze. Diese Strecke nehme ich nur als Anhaltspunkt, Kirkenes nicht als unbedingtes Ziel, welches ich unter allen Umständen möglichst schnell erreichen will. Ich möchte keinen neuen Rekord aufstellen um in das ›Buch der Rekorde‹ aufgenommen zu werden. Mir geht es darum, alle Jahreszeiten draußen zu erleben und möglichst viel zu sehen.

Lange überlege ich mir, ob ich alleine oder vielleicht zu zweit gehen soll. Das Problem löst sich von selbst. Für diese Tour finde ich diesmal niemanden, der mitmacht. Die veranschlagte Zeit von maximal 18 Monaten ist einfach zu lang, und der Winter nördlich des Polarkreises ist auch nicht jedermanns Sache. Ich kehre zurück in die Bundesrepublik, finde Unterkunft bei sehr netten Menschen auf dem Lande bei Osnabrück, die mich in jeder erdenklichen Weise unterstützen und trete eine Stelle als Drucker an.

Das Jahr der Vorbereitung beginnt.

TEIL II

Die Tour

ES GEHT LOS

Der Abschied von zu Hause, meiner Freundin, den Freunden und Bekannten, von dort, wo ich mich in den letzten 16 Monaten sehr wohl gefühlt habe, ist mir sehr schwergefallen und wirkt jetzt noch nachhaltig. Ein Jahr oder mehr unterwegs – habe ich mir zuviel vorgenommen?

Eine Unsicherheit, wie ich sie bisher nicht gekannt habe, wühlt in mir. Die Einsamkeit, die mich erwartet, setzt mir zu, die Strecke, die ich mir vorgenommen habe, scheint mir unendlich und das ganze Unternehmen irgendwie illusorisch.

Dabei kamen mir in dem Jahr der Vorbereitung nie Zweifel, noch wurde ich auch nur einen Moment unsicher wegen der Dimension meiner Tour. Doch der Abschiedsschmerz und dieses Gefühl der Unsicherheit der Zukunft sind nicht plan- oder kalkulierbar.

Diese Gedanken wiegen in den ersten Tagen unendlich schwer, genauso, wie der Rucksack. Langsam, mit dem Einfinden in die üppige Natur hier im Süden, finde ich zu jenem Wohlgefühl, welches ich beim Outdoor-Leben immer empfand. Das Eintauchen in die Landschaft aus Wäldern und Bergen – die Ungebunden- und Freiheit, das Hintersichlassen aller Sorgen und Nöte der Zivilisation, die Einfachheit und Unmittelbarkeit der sich stellenden Probleme hier draußen erzeugen eine große Zufriedenheit.

Es braucht nicht viele Tage, um mir klarzumachen, daß mit diesem Rucksack nur wenige Gipfel zu stürmen sind. Er hängt auf dem Rücken wie ein Stein. Ich komme schon bei den geringsten Steigungen fürchterlich ins Schwitzen, nach ein paar Stunden schmerzen mir Schultern und Hüfte.

Schweren Herzens trenne ich mich unter anderem von der Kartentasche, halbiere die Seife, das Haarshampoo – für einen Teil der medizinischen Ausrüstung und des Nähzeugs ist hier die Reise beendet.

Die Sonne scheint ununterbrochen auf die Telemark herab und läßt im Laufe des Vormittags die Nachtfröste der Vergangenheit angehören. Sie setzt in den Niederungen dem Restschnee gewaltig zu, nur in dem dichten, schattigen Wald ist das Weiß noch kniehoch. Je höher ich komme auf meiner ersten größeren Etappe von Bolkesjø nach Geilo, um so höher und weitläufiger werden die Schneeflächen. Manche Bachläufe sind noch von kräftigen Schneebrücken bedeckt, die mich problemlos tragen.

Die Schuhe sind in dem nassen Schnee schnell durchgeweicht, die nassen Socken reiben Blasen an den noch empfindlichen Füßen. Erst nach Wochen haben sich die Füße an die harten Stiefel gewöhnt.
Man spricht ja vom ›Einlaufen der Schuhe‹. Sicher gibt der Schuh an einigen Stellen mit der Zeit nach und wird weicher, aber ich glaube, was sich einläuft, ist der Fuß. Erst wenn sich an den Druck- und Reibestellen Hornhaut gebildet hat, ist das Laufen blasenfrei – oder fast, denn in jedem Gelände, ob Fels oder Sumpf, ob Straße oder Waldboden – der Fuß wird jedesmal anders belastet.

Die ganze Landschaft taut auf. Vögel fliegen fast ununterbrochen singend und werbend durch die einsamen Wälder, das Isländisch Moos reckt zart winzige, rote Blüten durch den letzten Schnee, warm weht ein sanfter Wind durch die sumpfigen, locker mit Kiefer bewachsenen Ebenen.

Von den baumlosen Bergkuppen kann der Blick fast ins Unendliche schweifen – das tiefe Tal im Westen, das ab und zu mal einen Zipfel des Finnsjø (sjø = See) sehen läßt, fesselt immer wieder meinen Blick. Dahinter, im Westen, erhebt sich majestätisch die Hochebene der Harangervidda. Gänzlich verschneit liegt sie dort in ihrer eiszeitlichen Einsamkeit, die größte Hochebene Nord-Europas. Hier bereiteten sich Polarforscher früherer Zeiten auf ihre Expeditionen vor.

Ich scheine auf dieser Etappe ständig zwischen zwei Jahreszeiten zu pendeln. In den Tälern ist der Frühling schon angebrochen. Die Vogelwelt ist außer Rand und Band.

Zwitschernd, trillernd und pfeifend werben sie um einen Partner oder fliegen schon mit Grashalmen und kleinen Zweigen im Schnabel durch die Lüfte. In solchen lieblichen Niederungen lege ich oft eine Rast ein. Das Gras ist warm und weich, ich aale mich in der hochstehenden Sonne.

Der Weg führt durch lichte, mit Sümpfen durchsetzte Kiefernwälder, vorbei an einigen malerischen Almen, mit mehreren klobig gebauten Blockhütten. Doch dann schraubt sich der Pfad wieder aus dem Tal in die Berge, der Wald dünnt aus und die Schneeflächen werden größer. Bei ungefähr 650 Höhenmetern liegt die Baumgrenze. Hier beginnt an den nach Norden gerichteten Hängen die geschlossene Schneedecke, die

an den südlichen Hängen erst bei etwa 900 Metern beginnt. Je höher ich komme, desto windiger und winterlicher wird es.

Eiskalte Böen kommen mir ein paar Tage lang entgegen, aber die Sonne scheint ununterbrochen, nur selten schieben sich Wolken über den Himmel. In 1200 Metern Höhe ist es mittags immer noch −1°C, doch der Schnee fängt zu schmelzen an. Während mich am Morgen der Schnee noch gut trägt, sinke ich jetzt tiefer und tiefer in das Weiß ein. Am Nachmittag wird das Laufen in diesen schneereichen Höhen zur Strapaze, ich sinke manchmal bis über die Knie ein. Jeder Schritt wird zum Kraftakt.

Meist übernachte ich im Zelt, nur selten entdecke ich eine offene Hütte oder eine windgeschützte Veranda an einer der vielen Schutzhütten des Wandervereins.

Doch die Eriksbu bietet mir einen solchen Unterschlupf. Vom Schlafsack kann ich den Sonnenuntergang beobachten, während ich ein paar Zeilen in das Tagebuch eintrage. In der Nacht kommt ein schneidend kalter Wind auf, es fängt zu schneien an. Oft wache ich noch in der Dunkelheit auf, ich friere. Zum Frühstück mag ich den Schlafsack nicht verlassen. Es ist einfach zu unwirtlich.

Schnell packe ich den Rucksack und laufe los. Erst nach einigen Kilometern kriecht eine angenehme Wärme durch meinen Körper.

In der ersten Zeit bereitet mir die Orientierung Schwierigkeiten. Aus Geldmangel wollte ich mir nur in Ausnahmefällen Generalstabskarten besorgen. Meist benutze ich Karten im Maßstab 1:325000 und nachher im Norden gar 1:400000 und natürlich den Kompaß. Gerade, wenn der Schnee die Wegmarkierungen verdeckt und die Natur sonst nur wenig Anhaltspunkte liefert, wie zum Beispiel Seen oder markante Berge, ist die Orientierung nicht ganz einfach. So bleibt es nicht aus, daß ich mich einige Male verlaufe und ein, zwei Stunden brauche, bis mir der Irrtum bewußt wird. Mit der Zeit lerne ich, mich in die Karten hineinzudenken, wird mir die aufgezeichnete Bergwelt plastischer.

Hier in Südnorwegen muß ich es mit der Orientierung jedoch nicht so genau nehmen. Zeit habe ich genug und ein paar zusätzliche Lebensmittel sind ebenfalls im Rucksack. Solange der Kompaß funktioniert, laufe ich hier eigentlich niemals Gefahr, zu verhungern. Irgendwann und sicherlich rechtzeitig treffe ich auf eine Straße oder Siedlung.

Es ist schon später Nachmittag, ich bin auf einer Höhe von 1300 Metern. Ich bin abgekämpft. Stundenlang laufe ich über aufgetaute Schneefelder, in die ich tief einsinke. Es ist wie ein Moor. Der nächste Schritt ist nicht vorhersehbar, ab und zu sinke ich bis zu den Oberschenkeln ein. Aus solchen Löchern ist nur sehr mühsam herauszukommen. Alle Kräfte müssen angespannt werden, nur um ein paar Kilometer voranzukommen. Nach meiner Planung muß ich jetzt westwärts auf die Hardangervidda zusteuern. Ich zweifle. Die nächsten Tage würden

Auf dem Weg nach Jotunheimen

ständig oberhalb von 1000 Metern verlaufen, also tagelang die gleichen Verhältnisse wie die letzten Stunden. Wie lange würde ich für die Strecke bis Geilo brauchen? Reichen die Lebensmittel? Das Risiko scheint unkalkulierbar. Lange ringe ich mit mir, es fällt mir nicht leicht, von meinem Plan abzurücken. Doch es bietet sich eine Alternative an. Weiter nördlich würde ich in sehr viel tiefere Gebiete kommen. Diese Tour verläuft zum großen Teil unterhalb der Baumgrenze am Asbøfjell vorbei zur Straße 8 bei Rødberg. Nur müßte ich meist querfeldein laufen, und das ist mir nicht ganz geheuer. Meine Karte weist keine Höhenlinien und somit keine Steilhänge aus.

Ich entschließe mich für den Weg in Richtung Rødberg, denn so komme ich mit meinem Proviant auf keinen Fall in Schwierigkeiten.

Um 4.00 Uhr am nächsten Morgen treibt mich die Kälte aus dem Zelt. Die Temperatur ist auf −6° C gefallen. Trotzdem kommt der Spirituskocher – wenn auch nur äußerst zögernd – in Gang. Die Stiefel erweisen sich mal wieder als steinhart gefroren, was das Anziehen zur Quälerei werden läßt.

Ein rotblauer Farbstreifen am Himmel kündigt die Sonne hinter den verschneiten Bergen an. Das Wetter verspricht gut zu werden.

Es geht recht abrupt tiefer. Ein riesiges, verschneites Blockfeld erstreckt sich in das Flußtal, das mir eine Weile als Weg dienen soll. Vorsichtig taste ich mich in der aufgehenden Sonne bergab. Hier muß jeder Tritt sitzen, denn ein rutschiger, leicht mit Schnee bedeckter Stein, auf dem der Fuß nicht richtig steht, kann den Abstieg ungewollt beschleunigen. Die ersten krüppeligen Birken der Baumgrenze kommen in Sichtweite und wenig später bieten sie mir einen sicheren Halt. Doch diese vereinzelten Birken vermehren sich bald zu einem immer dichter werdenden, verfilzten Wald. Zurückschlagende Äste und Zweige verschrammen mir das Gesicht und Hände. Erst kurz bevor im Tal ein tosender Fluß auftaucht, löst ein Fichtenwald die Birken ab. Der Hang verflacht, das Gehen wird bequemer.

Wie aber nun über den Fluß gelangen? Angesichts der Tiefe und dem reißenden Schmelzwasser ist an ein Durchwaten nicht zu denken. Also flußaufwärts, in der Hoffnung auf einen Übergang. Ich habe Glück. Nach einer knappen Stunde stehe ich vor einer komfortablen Brücke, die vermutlich zwecks Forstwirtschaft auf dieser Seite angelegt wurde.

Die restlichen Kilometer für heute lege ich zunächst auf einem kleinen Weg parallel zum Fluß zurück. Als dieser endet, suche ich mir per Kompaß die Richtung durch fast schneefreien Wald. So entdecke ich unvermutet eine geradezu liebliche Alm. Kiefern, Fichten und Birken säumen die Wiesen, in deren Mitte sich zwei verwitterte Blockhütten erheben. Sie wirken recht knorrig. Die wuchtigen, grob gezimmerten Stämme, aus denen sie gefertigt sind, haben Sonne und Regen ausgebleicht. Gras wächst auf den Dächern. So fügen sich die Hütten einzigartig in das Bild der Landschaft ein.

Die Sonne scheint warm. Sie überredet mich zu einem dringend benötigten Bad in dem vereisten Bach, der hier mitten durch die Wiesen plätschert.

Den Rest des Tages verbringe ich auf dem Poncho sonnend. Ich fühle mich wie neugeboren.

DER GROSSE HUNGER

Am Sonntag erreiche ich den ›Riksvei 8‹ bei Uvdal. Hier steht eine alte Stabkirche, die seit mehreren Jahrhunderten die Gläubigen aus der Umgebung zum Gebet sammelt. Dieses Exemplar, von denen es gerade noch 21 an ihren ursprünglichen Plätzen gibt, sind Zeugen der Christianisierung Norwegens, jener Zeit also, in der die heidnischen Wikinger bekehrt wurden. Die Vermischung der beiden unterschiedlichen Kulturen erklärt die sonderbare Bauart der Kirche, die an ein altes Wikingerschiff erinnert. In alten germanischen Mythologien taucht immer wieder ein Zusammenhang zwischen Jenseits und Schiff auf. Diese Kirchen

Stabkirche bei Uvdal

können eine Art Pendelverkehr zwischen dem Dies- und Jenseits darstellen.

Grob gezimmert, sorgfältig und oft heidnisch verziert, scheinen sie für die Ewigkeit gebaut. Diese Stabkirche macht einen eher wuchtigen, als einen grazilen Eindruck. Die äußere ›Paneele‹ besteht aus dicken, unbesäumten Bohlen, wogegen sich stabile Bretter als Filigranarbeit ausnehmen. Die ganz und gar nicht in einer Flucht stehenden drei Spitzen der Schiffe tragen zu diesem Eindruck der Grobschlächtigkeit bei.

Der Abend zieht herauf und ich suche einen Schlafplatz. Das ist in bewohnten Gegenden oft nicht ganz einfach. Erstens will ich meine Ruhe haben. Zweitens braucht das Zelt einen ebenen Flecken. Drittens Trinkwasser und viertens nach Möglichkeit Brennholz. So können oft Stunden vergehen, bis ein klarer Bach und ein schönes, ruhiges Plätzchen gefunden ist. Wie einfach ist es doch da in den Bergen!

Am folgenden Morgen wird erstmal der nächste Laden gestürmt und Proviant für eine Woche gebunkert. Das Wetter ist schön. Die Sonne scheint – oder besser – brennt, im Tal ist es windstill, die Luft ist aber nicht stickig. So komme ich beim Aufstieg in Schweiß, und erst als ich auf die Hochebene gelange, kühlt mich ein leichter Wind. Hier wachsen nur kniehohe Weidenbüsche und das unvermeidliche Sumpfgras, das feuchten Boden signalisiert. Ich laufe einfach querfeldein, schaue ab und zu auf den Kompaß, der mir anzeigt, daß ich irgendwo dahinten, dort, wo die beiden Hügelketten ineinander verlaufen, wieder tiefer muß. Doch soweit treibt es mich heute nicht. Als ich langsam tiefer komme, entdecke ich, mich mühsam durch einen verwachsenen Birkenwald wühlend, eine kleine verlassene Alm, auf der ich mich sofort für ein Verbleiben entschließe. Das reichlich umherliegende Brennholz bringt mich auf die Idee, ein Brot zu backen – das erste auf dieser Tour. Mit einiger Übung geht's eigentlich recht einfach: Man nehme ein Kilo Vollkornmehl, welches in Norwegen überall zu haben ist, ein Päckchen Trockenhefe (15 g), 1½ Eßlöffel Salz und möglichst lauwarmes Wasser. Nun knete man alles gut durch. Ein großes Feuer wird entfacht, an dessen Wärme der Teig im Topf gehen kann. Nach einer knappen Stunde ist der Teig backfertig. Die Glut des herabgebrannten Feuers wird um den geschlossenen Topf gehäuft – ohne ihn zu berühren – und nach weiteren 40 Minuten ist das herrlichste Brot fertig. Hat man den Topf vorher gut eingefettet und mit Mehl bestäubt, läßt es sich leicht herauslösen. Nun ist es schwer, dem herzhaften Duft des Brotes zu widerstehen.

In den nächsten Tagen wird das Wetter schlechter, kalt und regnerisch. Mein Weg führt mich über kleine, für den Verkehr gesperrte Straßen, die durch Wälder und über kahle Bergkuppen führen. Niemand begegnet mir.

Tagebuch: »17. 5.: ... Heute habe ich lange wachgelegen und nur ans Essen gedacht. Auch unterwegs hat mich dieser Gedanke nicht mehr losgelassen. Ich fühle mich fast immer hungrig. Die leckersten Dinge gehen mir durch den Kopf. Vor allem Fleisch, Kuchen, Milch und Joghurt. Dieses Denken beherrscht mich völlig und gerade dann, wenn mein Kopf nichts anderes zu tun hat. Besonders abends im Schlafsack kann ich an nichts anderes mehr denken, so daß ich kaum einschlafen kann. Ich weiß nicht, woran es liegt, vielleicht sind zwei Mahlzeiten zu wenig. Oder ist es eine Zuckersucht?«

Auch in den nächsten Tagen wandern die Gedanken ständig um das Thema Essen. Von diesen Gedanken kann ich mich nur selten losreißen.

Ständig geht mir das Abschiedsessen – oder besser Gelage – durch den Kopf, welches wir mit 30 Freunden und Bekannten an meinem letzten Wochenende zu Hause veranstaltet haben. Was hätte ich darum gegeben, auch nur eine Stunde an dieser Tafel zu sitzen!

Ich fange an, mit allem Möglichen die Mahlzeiten zu verlängern. Da wird Moos unter die Nudeln gemischt und – wenn vorhanden – das Reisgericht mit Löwenzahn bereichert. Auch die Blätter der Brennessel, gerade, wenn sie noch jung sind, schmecken als eine Art Spinat hervorragend. Aber alles hilft nichts.

Am Sonntag gehe ich durch den Ort Ål, wo ich die Schaufenster der Lebensmittelhandlungen wie ein Alkoholiker die Flasche betrachte. Es ist bedrückend.

Ich weiß sehr genau, daß dieses grausame Hungergefühl nur psychisch bedingt sein kann. Gut zwei Wochen kann der Mensch ohne Nahrung auskommen, ohne daß die Körperfunktion erheblich eingeschränkt wäre. Was ist also der Grund für dieses alles beherrschende Hungergefühl! Vielleicht die Einsamkeit, die sich in der ›Freßlust‹ Ersatzbefriedigung verschafft? Oder signalisiert der beanspruchte Körper einen höheren Energiebedarf, obwohl noch genügend Reserven vorhanden sind?

Kaum sind die Läden am Montag geöffnet, stürze ich hinein. Im Einkaufwagen liegt der Proviant für die folgende Etappe, er ist nicht viel umfangreicher als gewöhnlich. Darauf stapeln sich Unmengen Kekse, Kuchen, Schokolade, Joghurt und Milchtüten. Gleich vor dem Laden reiße ich die erste Kekstüte auf und verbringe essend die nächste

Stunde. Ich glaube, von diesen Mengen kann sich eine Familie einen Tag lang ernähren. Mir ist schlecht.

Ich ziehe das Fazit, anstatt zum Beispiel für eine Mahlzeit ca. 170 g Nudeln zu nehmen, verbrauche ich nun 250 g. Auch mehr Fett kommt in den Topf.

Aber alles hilft nicht entscheidend. Erst als mein Freund Rainer Anfang Juni vorbeikommt, und wir fast ein viertel Jahr zusammen unterwegs sind, ändert es sich grundlegend. Ich weiß bis heute nicht, was der Grund für diese erbärmliche Freßlust ist. Ich kann mir kaum vorstellen, daß die Einsamkeit der Auslöser war, denn schließlich bin ich im Herbst und im Winter wesentlich länger alleine gewesen, als am Beginn. Andererseits kann die ungewohnte Einsamkeit und Beanspruchung zusammen dieses Gefühl erzeugt haben. Ich weiß es nicht sicher, und ich kann nur Vermutungen anstellen. Jedenfalls ist diese Freßsucht nie wieder aufgetreten, höchstens mal ein besonders großer Appetit, aber das ist im Outdoor-Leben ja nichts Besonderes.

Weiter geht mein Weg gen Norden mit kleinen westlichen Schlenkern, gerade so, wie die Wanderwege und kleinen Straßen verlaufen. Er führt dort entlang, wo ich mir eine schöne Landschaft verspreche. Hier im Süden Norwegens treffe ich noch an jedem einigermaßen leicht zu erreichenden See und Waldstück Wochenendhäuser an, die freilich jetzt noch unbenutzt dastehen. Ich fühle mich eigentlich selten über längere Zeit hinweg völlig zivilisationslos, immer wieder stoße ich auf Zeugnisse der Menschen.

Das Wetter ist Ende Mai nicht mehr durchgängig freundlich. Oftmals naß und kalt, was aber meine überwiegend gute Laune nicht beeindrukken kann. Im nassen Zustand haben die spärlich bewachsenen Berge eine besonders intensive Farbe, die Umgebung wirkt, in Wolken oder Nebel gehüllt, geheimnisvoll und verschwiegen. Nasser Wald duftet intensiver als sonst.

Manchmal wird die Sicht so schlecht, daß ich keine 50 Meter weit sehen kann. Das Querfeldeingehen gestaltet sich als mühseliges Geschäft. Je nach Sichtweite heißt es, alle 20 bis 100 Meter mit dem Kompaß den nächsten Stein oder Baum anzupeilen. Nach etlichen Kilometern, wenn ich den angepeilten See oder die Straße tatsächlich ausmachen kann, ist die Freude groß. Während ich am Anfang meiner Tour kaum Schwierigkeiten hatte, Bäche und Flüsse zu überqueren, wird es nun zunehmend problematischer. Jeder Bach und Fluß ist während der Schneeschmelze ein mehr oder weniger großes Hindernis.

Über die kleinen Bäche kann ich springen, bei den größeren bewege ich mich oftmals von Stein zu Stein oder durchwate sie rasch mit Schuhen; doch bei den großen will die Durchquerung gut durchdacht sein.

So verlaufen die Tage nicht immer wie geplant.

Die Sonne scheint, aber am Horizont künden dunkle Wolken und leichtes Donnern ein Gewitter an. Für die Übernachtung habe ich mir eine nicht mehr weit entfernte, verlassene Alm auf der Karte ausgesucht. Ich beschleunige meinen Schritt, um nicht von dem nahenden Gewitter überrascht zu werden. Doch so schnell erreiche ich mein Ziel nicht. Der Hydalselva (elv = Fluß) erweist sich als ein nicht einfach zu überquerendes Hindernis. Er ist vom Schmelzwasser randvoll. Durchschnittlich mag er 25 Meter breit sein, wobei er an seinen schmaleren Stellen derart reißend ist, daß dort an eine Überquerung nicht zu denken ist.

Über eine Stunde laufe ich an ihm entlang, um einen einigermaßen passablen Übergang zu finden. Schließlich erreiche ich eine Stelle, die mir geeignet erscheint. Der Fluß wird hier zwar sehr breit, die Strömung aber weniger reißend und das Flußbett flacher. In Turnschuhen und mit einem langen Stock tastend erreiche ich das andere Ufer.

Das Gewitter hat sich längst verzogen, als ich nach einem Kilometer auf den Smådøla stoße. Wie dieser Fluß zu der Vorsilbe små, also klein, kommt, ist mir gänzlich unerklärlich, denn er gebärdet sich im Vergleich zum Hydalselva wesentlich ungestümer. Riesige Felsbrocken im Fluß und an seinen Ufern lassen das Wasser unberechenbar vorbeirauschen. Tosend und schäumend bricht es an unzähligen Hindernissen zu Tal. Mir ist nicht wohl in meiner Haut. Auch an der zur Überquerung geeignetsten Stelle liegen vor mir zwanzig Meter schäumendes und gurgelndes Naß. Ich werde ziemlich klein. Doch es gibt keinen anderen Weg. Ich ziehe mich bis auf die Unterhose aus, wickel einen Teil meiner Kleidung mit den wichtigsten Papieren um den Hals. Der Rucksack hängt nur mit den Schultergurten auf dem Rücken, denn der angelegte Hüftgurt würde mir bei Gefahr jede Chance nehmen, ihn schnell loszuwerden. So stake ich mit meinem Stock langsam vorwärts. Mit aller Kraft und beiden Händen muß ich mein ›drittes Bein‹ gegen die Strömung drücken, damit es mir nicht aus den Händen gerissen wird. Die eiskalte Strömung klatscht hoch, die Unterhose ist bereits auf den ersten Metern naß. Es scheint eine Ewigkeit vergangen zu sein, als ich endlich das ruhigere Wasser am anderen Ufer erreiche. Heilfroh klettere ich hinauf.

Häufige Flußdurchquerungen

Das erste Mal wünsche ich mir einen Partner. Zwar ist die Sicherheit hier zu zweit kaum größer, trotzdem würde ich mich bei solchen Gelegenheiten einfach wohler fühlen und das ist ja auch schon etwas...

Die nächsten Tage werden wieder einmal vom ›Hamburger Schmuddelwetter‹ beherrscht. Wolkenverhangene Berge – die Farben grün, blau und das Grau des Himmels sind dominant.

Meine Gedanken verlieren sich, wie so oft in den letzten Wochen, in die Vergangenheit. Unverarbeitete Probleme mit meinen Mitmenschen in den letzten Jahren stehen im Mittelpunkt, als seien sie erst gestern entstanden. Meine Erinnerung unterscheidet nicht mehr zwischen den Dingen, die sich vor fünf Jahren oder zwei Monaten ereigneten. Die gesamte Vergangenheit stellt sich nur noch zweidimensional dar, die Zeit fehlt. Es scheint ausschließlich die Gegenwart und, als großer zeitloser Block, die vergangene Zeit zu geben. Mir ist aus diesem Abschnitt alles gleich wichtig oder unwichtig. Unterschiedslos spielen meine Gedanken um Menschen, egal, ob ich sie mehrere Jahre nicht mehr gesehen habe oder ich jetzt mit ihnen in Briefkontakt stehe, gleichgültig, ob ich mich von ihnen im Streit getrennt oder zu ihnen ein sehr gutes Verhältnis habe.

Hier in der Abgeschiedenheit Norwegens finde ich endlich Zugang zu all dem, was ich jahrelang verdrängt habe. Es gibt nichts, was mich ablenkt. Alles, was ich im Kopf irgendwann mal als wichtig für mich gespeichert habe, kommt langsam, nach und nach an die Oberfläche, und beschäftigt mich tagelang. Ich spüre das Bedürfnis, mich mit diesen Menschen auseinander zu setzen, mit ihnen zusammen die Probleme durchzusprechen.

AUF DEM DACH NORWEGENS

Es ist sonniger Nachmittag, als ich durch den dichten Fichtenwald unter mir eine malerische Landschaft erblicke. Mitten im Frühling liegt dort der Slidrefjord, umgeben von Bauernhöfen, Feldern und Wiesen, auf denen Schafe und Kühe weiden. Dazwischen schlängeln sich Straßen und Wege. Die vereinzelten Autos muten wie Spielzeuge an – und nicht nur die. Schnell, über eine kleine Serpentine, gelange ich tiefer. Der Duft des Frühlings wird immer intensiver. Das Harz der Bäume, der Geruch des Grases und der Blumen vermischen sich. Unten am See sind die Weiden und Wiesen schon saftig grün, sogar die Lindenblätter entfalten sich hier unten schon aus ihren Knospen. Welch ein Gegensatz zu der Landschaft, aus der ich komme.

Kurz vor dem Ort Slidre baue ich am Seeufer mein Zelt auf. Hier habe ich mich mit meinem Freund Rainer verabredet, der in den nächsten Tagen eintrudeln will. Ich freue mich auf ihn, wie ein Stummer, der weiß, daß die Zeit des Schweigens vorbei sein wird. Ich freue mich auf einen Freund, mit dem ich mich austauschen kann und dessen Nähe ich bedarf.

Wer am Montag nicht kommt, ist Rainer. Durch das Telefon erfahre ich, daß er schon am Freitag in Hamburg aufgebrochen ist. So muß ich noch einen grausamen Tag lang warten, eine sehr ungewohnte Beschäftigung.

Endlich, am Dienstag steht er mit seinem Riesen-Rucksack vor mir. Die Freude ist groß und die Begrüßung dementsprechend. Er war bis hierher ganze fünf Tage unterwegs. Das Trampen war mit wenig Glück gesegnet. Allein in Gøteborg mußte er unfreiwillig das gesamte Wochenende verbringen. Nun, für den Skandinavientramper sicherlich keine Neuigkeit.

Ich rede wie ein Wasserfall. In den wortkargen Wochen hat sich bei mir derart viel aufgestaut, daß Rainer kaum zu Wort kommt. Zum Glück zeigt er dafür Verständnis; auch für ihn ist dies kein unbekanntes Problem. Am Abend überfällt mich eine leichte Heiserkeit.

Rainer hat einiges an Proviant mitgebracht, vor allem Wurst und Speck, was hier sehr teuer ist.

In der Abenddämmerung beratschlagen wir unsere nächste Etappe. Sollen wir es wagen, nach Jotunheimen, zum ›Heim der Bergriesen‹ zu laufen? Ich bezweifle, ob in den wenigen Wochen der Schnee soweit getaut ist, daß wir gut vorwärtskommen können. Endlos wägen wir das Für und Wider gegeneinander ab, schließlich siegt doch unsere Neugier auf diese Landschaft. Wir wagen einen Versuch.

Noch sind es bis Jotunheimen fünf Wandertage, die uns teilweise in recht hohe Regionen führen.

Bei kräftigem Südostwind und bewölktem Himmel laufen wir über den baumlosen und fast kahlen Skreddalsfjell zum Vinstri See, der über der Baumgrenze liegt. In einiger Entfernung zieht eine riesige Rentierherde gemächlich über den sumpfigen Hang, ohne uns zur Kenntnis zu nehmen. Die Steigung ist gering, weil gestreckt, und oben, als wir den Sattel überqueren, bietet sich ein ›wahnsinnig schönes‹ (Rainer) Pano-

rama auf den See und somit auf die restliche Tagesstrecke. Im Hintergrund ragen die schneebedeckten Schroffen Jothunheims empor.

In den letzten Wochen ist der Schnee soweit zusammengeschmolzen, daß wir kaum noch einsinken. Bis auf ein paar Eisschollen ist der auf 1300 Metern Höhe liegende Vinstri eisfrei, ein Zeichen nahenden Frühlings. Beim Zeltaufbau überrascht uns ein nicht enden wollender Regen, der die ganze Nacht über auf das Zeltdach trommelt. Zu allem Überfluß tropft es nicht nur auf das Dach, sondern zusätzlich auf Rainers Kopf, der kaum ein Auge zubekommt. Nahtdicht muß dringend beschafft werden! Nach Aufbruch ist uns bei diesem Wetter am folgenden Morgen nicht zu Mute, und so liegen wir den ganzen Tag im Schlafsack, unterhalten uns über dieses und jenes, nähen die zerrissenen Kleidungsstücke und vertreiben uns die Zeit mit Lesen.

Über Nacht dreht der Wind und treibt den Regen geradewegs in den Zelteingang. Tiefliegende Wolken verhüllen die gegenüberliegenden Berge. Die Stimmung – draußen und drinnen – ist trübselig. Wir beratschlagen die Frage, ob wir das Zelt abbauen und weiterlaufen, oder ob wir hierbleiben und das Zelt nur aus der Windrichtung drehten. Nach einigem Hin und Her einigen wir uns schließlich auf den Aufbruch. Regen fegt über den See, unsere Hände werden beim Zeltabbau steif vor Kälte. Ein Sauwetter!

Was keiner von uns zu vermuten, noch heimlich zu hoffen gewagt hat, tritt ein. In einem Tempo, wie ich es noch nie erlebt habe, reißt mit einem Male die Wolkendecke auf und die ersten Sonnenstrahlen erreichen den wasserdurchtränkten Boden. Wenig später ist kaum noch eine Wolke zu entdecken. Unsere Stimmung hebt sich in gleichem Tempo.

Ein mächtiger Wasserfall, der sich über zig Meter in die Tiefe stürzt, dessen in der Sonne glitzernden Gischt, fasziniert uns. Ohrenbetäubend donnern die Wassermassen über unzählige Felsen und Treppen gebrochen zu Tal. Eine Augenweide, die zum Fotografieren reizt. Auch weiter oben können wir nicht von unseren Kameras lassen. Lediglich kleine Schneeflächen bedecken das gelbe Sumpfgras, die Wasserlöcher sind tiefschwarz, der Himmel knallblau. Um uns herum türmen sich schneebedeckte Berge.

Die größeren Flüsse haben sich zum Frühlingsbeginn durch den tiefen Schnee Täler gefressen. Nun stehen senkrechte, oft übermannshohe Schneemauern an ihren Ufern, die wir regelrecht erklimmen müssen. Aus Bequemlichkeit wechseln wir bei den zahlreichen Flußdurchquerungen nicht mehr die Stiefel gegen die Turnschuhe. Doch das Wasser

läuft in die Stiefelschäfte, schnell sind die Strümpfe vollgesogen und reiben Blasen an der aufgeweichten Haut.

Ein phantastischer Zeltplatz ist am Ufer des Øvre Heimdalsvatn schnell gefunden. Die nassen Socken versuchen wir in den letzten Sonnenstrahlen zu trocknen. Rainer, noch ganz im zivilisierten Reinlichkeitsdenken gefangen (wie ich anmerke), läßt sich von den Eisschollen auf dem See nicht von einem Bad abhalten. Zumindest für ein Foto gibt er sich lässig und benutzt das gefrorene Naß als Seifenhalter.

In den folgenden Tagen zeigt sich das Wetter von der besten Seite. Es ist warm, wir laufen in kurzen Hosen und holen uns unverzüglich einen Sonnenbrand an den Beinen.

Je tiefer wir kommen, um so intensiver weht uns der honigsüße Duft von unzähligen Fjellblumen entgegen. Viele Pflanzen habe ich noch nie gesehen. Rot, gelb, blau, weiß – in den verschiedensten Varianten blüht es an den Hängen. Hier soll keiner sagen, diese Landschaft sei kahl und eintönig. Zumindest nicht während der Frühlingstage, die eine unvermutete Schönheit zu Tage bringen.

Durch das Fernglas können wir das Hüttendorf und den Campingplatz im Tal des Gjendesees, dem Eingang Jothunheims, ausmachen. Da muß ein Laden sein!

Aber weit gefehlt. An der Eingangstür erteilt ein Zettel Auskunft, daß erst Mitte des Monats geöffnet wird. Hier ist eben alles auf Tourismus angelegt.

Was nun? Der nächste Laden ist 40 Kilometer entfernt und unsere Rucksäcke geben nur noch zwei Mahlzeiten her. Hier fährt kein Bus, die Straße ist verwaist. Wir vertagen dieses Problem in der Hoffnung auf irgendwelche Wunder. Das Wasser vom Gjendesee leuchtet türkisblau – Gletscherwasser. Ein erfrischendes Bad und die Sonne genießend, harren wir der Dinge, die da kommen mögen. Das Warten zahlt sich aus, denn wie ein Engel vom Himmel kommt ein niederländisches Ehepaar samt Wohnwagen angerollt und bezieht unweit von uns Quartier. Sie wollen morgen nach Vågåmo weiterfahren und nehmen uns auch gern bis dorthin mit. Mir ist nicht ganz klar, wie dieses ›gerne‹ zustandekommt. Der Blick der Frau ist mehr als kritisch, er gleitet von unseren etwas verwilderten und unrasierten Gesichtern hinab zu der dreckigen Kleidung. Wie uns ihr Mann später erzählt, hat sie uns mit ihrem Sohn verglichen, der auch des öfteren Touren in Norwegen unternimmt und scheinbar nach der Heimkehr nicht viel anders aussieht als wir jetzt. Jedenfalls sind wir froh über diese Entwicklung und auch unsere Befürchtungen bezüglich des Rückweges sind umsonst, denn diesmal nimmt uns ein englisches Auto zum Gjende mit.

Die nächsten zwei Tage geht es bei schönstem Wetter in den Nationalpark über steile Aufstiege zum höchsten Punkt Norwegens, dem Glittertind. Je höher wir kommen, desto größer werden die Schneeflächen, in die wir aber kaum noch einsinken. Der zweite Tag führt uns wieder abwärts auf 1500 Metern nach Glitterheim, am Fuße des Glittertinds. Die komfortable Einrichtung einer Hängebrücke bringt uns trockenen Fußes über den Fluß, an dessen Ufer wir ein gemütliches Plätzchen für unser Zelt finden. Der von den Bergen kommende Fluß teilt sich unzählige Male, bildet kleine Inseln und führt schließlich alle Arme wieder zusammen. Feinster Sand läßt ihn milchig erscheinen. Er färbt einen anderen glasklaren Fluß, der irgendwo am Glittertind entspringt. Bei Sonnenuntergang verfärbt sich für Minuten das Wasser rosa bis golden und in den Schatten der Berge tiefschwarz. Ein Naturschauspiel ohnegleichen. Wir sind fasziniert. Rainer schnappt sich unverzüglich seine Kamera mit sämtlichen Objektiven und ward für zwei Stunden nicht mehr gesehen.

Bis spät in die Nacht hinein sitzen wir vor dem Zelt und genießen das Panorama. Jetzt wird es nicht mehr richtig dunkel, wir nähern uns dem 22. Juni, dem längsten Tag im Jahr.

Der nächste Morgen zeigt sich wieder einmal von seiner besten Seite. Blauer Himmel und ein sehr schwaches Lüftchen streicht um das Zelt. Das Thermometer klettert auf +18°C. Wir packen einen kleinen Tagesrucksack mit warmer, winddichter Kleidung und mit nicht geringen Mengen Schokolade, um zum Glittertind hinaufzusteigen. Der Aufstieg ist weder steil noch schwierig, Block- und Schneefelder lösen sich ab. Langsam erheben sich die Schroffen Jothunheims.

Das letzte Drittel legen wir auf dem tiefverschneiten Gletscher zurück, der die Spitze des Glittertinds bedeckt. Den Blick nach oben gerichtet sehen wir nur weiß und blau, Schnee und Himmel.

Endlich haben wir es geschafft. Der Ausblick verschlägt uns die Sprache. Wir sehen auf verschneite, unwahrscheinlich schroffe und majestätische Berge. Die Gletscher der Eiszeit, die zweimal diese Landschaft unter sich begruben, haben für uns keine sichtbaren Spuren hinterlassen. Keine runden Bergkuppen, keine weiten Täler, wie wir es gewohnt waren. Steil fallen die Wände Hunderte von Metern in enge Schluchten, riesige Geröllhalden, vergletscherte Gipfel und Sattel. Wir können uns nicht sattsehen. Kein Lüftchen rührt sich, es ist völlig still.

Kurz vor dem Gipfel des Glittertinds

Abb. rechts und Seite rechts: Jotunheimen

Im Südwesten erhebt sich in 130 Kilometern Entfernung die Hardanger Vidda. Im Westen, 60 Kilometer entfernt, erstreckt sich über 815 Quadratkilometer der Jostedalsbreen, der größte Gletscher Norwegens, dessen Konturen sich nur schwach aus dem Dunst der Weite abzeichnen. Im Nordosten liegt in 70 Kilometern Entfernung unser nächstes Ziel, der Rondane Nationalpark.

Es ist jedoch nicht allein die absolute Stille, die unbeschreiblich schöne Aussicht, die mir die Stunde auf dem Gipfel unvergeßlich macht. Es ist nicht das, was auf den Dias zu sehen ist. Es ist etwas, was sich nicht beschreiben läßt. Nicht nur ein Gefühl, das sich aus den Reizen der Sinnesorgane ergibt, sondern eher eine Ahnung über die Stellung des Menschen in der Natur, seine Unbedeutend- und Kleinheit, seine Vergänglich- und Unzulänglichkeit gegenüber dieser ewigen Schönheit. Die Natur als Gesamtkunstwerk, in der der Mensch als ein Teil unter vielen vielleicht seine wirkliche Bedeutung erkennen kann.

Lange verweilen wir schweigend, obwohl es einige Grade unter Null ist. Wir können uns nur schwer von diesem Ort trennen.

Abwärts wählen wir eine andere Route. Sie verläuft über eine tief nach unten führende große Schneefläche. So weichen wir den Blockfeldern aus, die bergab noch unangenehmer zu begehen sind. Am Zelt angekommen, spüren wir an unseren müden, strapazierten Gliedern den zurückgelegten Höhenunterschied von 1000 Metern sehr deutlich.

Übrigens waren wir zwar auf dem höchsten Punkt Norwegens, aber nicht auf dem höchsten Berg. Der liegt ein paar Kilometer weiter westlich und wird Galdhøpiggen genannt. Die vergletscherte Spitze des 2472 Meter hohen Glittertinds überragt den Galdhøpiggen (2469) um ganze drei Meter.

Über Nacht änderte sich das Wetter schlagartig. Nur noch 1½°C, die tiefen Wolken verdecken die Berge. Wir bleiben den ganzen Tag in den Schlafsäcken, diskutieren über dies und das und stellen schließlich fest, daß der Sinn des Lebens nicht einfach zu umschreiben ist. Um 21.00 Uhr schaue ich auf das Thermometer, es ist −2°C, ein kalter Ostwind treibt Schnee herbei.

Der nächste Morgen gibt den Blick auf eine mit Neuschnee bedeckte Landschaft frei. Am Wassersack hängen lange Eiszapfen, es sind −6°C, und das im Juni. Typisch Norwegen. Schnell packen wir unsere Rucksäcke und laufen los – die einzige Möglichkeit, um warm zu werden. Unterwegs überholen wir ein französisches Pärchen, das offensichtlich auch vom Winter überrascht worden ist. Obwohl sie recht verfroren aussehen, sind sie bei bester Laune. Die beiden haben Jotunheimen durch Täler von West nach Ost durchquert.

Unser Weg, der bald in eine Straße übergeht, zieht sich endlos hin. Fast unmerklich geht es wieder tiefer und dann wandern wir durch den ersten Birkenwald seit Wochen. Es wird wärmer und windstiller. Kiefern durchsetzen die Birken und sind bald in der Überzahl. Auf einer Waldlichtung, vor uns ein lieblich murmelnder Bach, bauen wir das Zelt auf. Rainer macht, um jeglicher Waldbrandgefahr aus dem Wege zu gehen, ein Feuer auf einem Stein mitten im Bach. Unser Gemisch aus Nudeln, Speck und einer Tütensuppe fängt bald zu kochen an. Zwischen den Wolken zeigt sich der erste blaue Fleck und als Rainer seine Pfeife anzündet – das Zeichen, daß nun der gemütliche Teil des Abends anbricht – ist der Himmel fast wolkenlos. So schnell, wie das schlechte Wetter gekommen ist, zieht es wieder ab.

VIEL BESUCH

Über kleine Straßen und Feldwege, vorbei an Bauerngehöften und durch Wälder gehen wir in Richtung Otta. Tief liegende Wolken hüllen den Svart Kampen ein. Es nieselt, als wir den Kamm des Höhenzuges oder das, was wir dafür halten, erreichen. Die Sicht ist schlecht. Wir wissen nicht, wo wir uns genau befinden, wo die beiden Gipfel des Höhenzuges liegen. Mit dem Kompaß versuchen wir auf den Waldweg zu peilen, der irgendwo unter unserem Standort liegen muß. Unsicherheit macht sich breit, laufen wir überhaupt noch in das richtige Tal? Die Peilung kann nicht genauer sein als über Pi mal Daumen.

Unvermutet reißt die Wolkendecke auf, wir können das gesamte Tal bis Otta überblicken. Unsere Peilung – ein Wunder – ist korrekt.

Unten im Wald stoßen wir auf eine abgelegene Alm. In lockerer Folge stehen hier einige roh gezimmerte Blockhütten und Ställe. Dazwischen erstrecken sich in einem Meer von Blumen die Heuwiesen. Ringsherum wächst hoher Fichten- und Kiefernwald. Die Alm liegt verlassen da, obwohl wir schon mitten im Juni sind. Ein offener, ehemaliger Heuschober bietet uns eine gute Übernachtungsmöglichkeit.

Wir durchstreifen die Wiesen und entdecken an einer anderen Hütte dicke Rhabarberstauden, die uns eine kulinarische Abwechslung versprechen.

Ein alter Kuhstall dient als Unterschlupf für eine Pause

Die idyllische Gegend und die Nacht auf weichem, warmen Heu ist so überzeugend, daß wir am folgenden Tag nicht weiterlaufen wollen. Ab und zu lugt die Sonne zwischen den rasch dahinziehenden Wolken hervor, wir entschließen uns, die Wäsche zu waschen. Sie hat es sehr nötig. Aber kaum hängt sie zum Trocknen auf der Leine, setzt ein Regenschauer ein. Für den Rest des Tages ist nun ständig einer von uns mit dem Auf- und Abhängen der Wäsche beschäftigt.

Rainer bereitet einen interessant aussehenden Sauerampfersalat zu, den wir zur Erbsensuppe essen.

Ich werde zunehmend unruhiger. Der Tag, an dem wir uns mit Jutta, meiner Freundin und zwei weiteren Freunden am Eingang des Rondane Nationalparks treffen wollen, rückt näher.

In Otta stürmen wir die Supermärkte und feiern, etwas außerhalb im Wald, Rainers Geburtstag. Aus diesem Anlaß gönnen wir uns ein Mahl aus Fleisch, Kartoffeln, Bier und Marzipanbroten, solange, bis uns ein wohliges Gefühl der Völle auf die Isomatten zwingt.

Zwei Tage warten wir auf Jutta, Mecki und Uli, bis sie an unserem Treffpunkt einlaufen. Das Wiedersehen wird mit Gulasch und Rotwein gefeiert. Ich bin überglücklich, daß die drei den Weg hierauf gefunden haben. Unsere abendliche Lagerfeuerrunde ist nun beträchtlich größer geworden und es gibt viel zu erzählen. Um mein Zelt wächst eine kleine Zeltstadt.

Bei stark bewölktem Himmel und kaltem Südwestwind gehen wir los. Zunächst auf einer kleinen Straße, die sich immer höher in baumlose Regionen schraubt. An Rondvassbu biegen wir in östlicher Richtung auf einen gut markierten Wanderweg, vorbei an einem kleinen Canõn, durch den ein wildes Flüßchen tobt. Die Vegetation geht immer weiter zurück, die Berge rechts und links sind fast gänzlich kahl. Riesige Geröllhalden erstrecken sich bis ins Tal. Nur spärlich wachsen kleine Gräser, Moose und Flechten zwischen den Steinen. Kaum jemand begegnet uns. Der Abend ist kalt und windig. In dicken Pullovern verpackt sitzen wir um unsere heiße Mahlzeit. Lange bleiben wir nicht draußen, die Kälte treibt uns schnell in die Schlafsäcke.

Um so schöner gestaltet sich der nächste Tag, der uns bergab Bjørnhollia zuführt, einer Hütte des Wandervereins an einem See.

Steinwüste im Rondane Nationalpark

Rondane Nationalpark

Langsam wird die Botanik wieder üppiger, kleine Bäche plätschern über moosbewachsene Steine von den Bergen. Der Weg ist mehr ein Geröllfeld, auf dem Uli mehrmals mit seinen wenig festen Schuhen umknickt. Am Abend, als wir unsere Zelte am Ufer des Sees aufschlagen, kündigt sich bei ihm eine Bänderdehnung an. Mit einer Salbe und einem festen Verband hoffen wir, dem Unglück abzuhelfen. Des Nachts wecken mich einzelne Regentropfen, die auf das Zeltdach treffen. Schnell laufe ich raus und wecke Rainer, der diese Nacht unter freiem Himmel verbringen wollte. Zu dritt im Zelt geht es auch.

Am nächsten Morgen sitzen wir zu fünft im Zelt und beratschlagen, ob wir weiterwandern oder nicht. Der Regen auf dem Zeltdach trommelt für einen Ruhetag. Oder sollen wir zu Ehren des längsten Tages im Jahr weiterlaufen, wenn der Regen aufgehört hat? Aber auch durch diesen Plan macht uns das Wetter einen Strich. Bis spät in die Nacht hinein regnet es. Erst gegen Morgen wird es trockener, die Temperatur sinkt unter den Gefrierpunkt.

Der Nationalpark liegt bereits hinter uns. Wir befinden uns nordöstlich der Straße 27 und ersteigen die Höhen des Veslehø und des Gravskal. Hier oben wächst fast nichts mehr, einzelne Flechten zieren Felsblöcke und Geröll. Es erscheint wie eine Mondlandschaft. Nur Geröll, kein Baum, kein Strauch – gespenstisch. Ein eigenartiges Gefühl befällt mich, es kommt mir vor, als sei ich außerhalb der irdischen Natur – vielleicht auf dem Mond. Eigentlich ist nur Grau in den verschiedensten Abstufungen zu sehen, Steine und Himmel.

Etwas tiefer bei der Breisjøseter, taucht der Store Sølnkletten auf, ein wuchtiger Berg mit zwei abgerundeten Spitzen und einem enormen Sattel dazwischen.

Diese Landschaft ist für unsere Augen absolut ungewöhnlich. Die Formen und Farben haben wir noch nie gesehen. Vergleiche werden angestellt, aber nichts kommt dem Charakter näher als Marlboro- oder Mondlandschaft. Beides trifft nicht zu, denn die Eigenart kann keinem Vergleich standhalten.

Das kalte und nasse Wetter hält an. Trotzdem verdirbt es uns nicht die Laune, die Landschaft ist zu reizvoll. Auf einer seit langem verlassenen Alm lädt uns eine offene Hütte ein, die zwar keinen Ofen, aber dafür ein dichtes Dach bietet. Die Lebensmittel erlauben noch einen Ruhetag und die müden Körper verlangen ihn. Unklugerweise waschen wir unsere schmutzige Wäsche. In der Nacht friert es leicht und am Morgen ist sie noch genauso naß, wie sie war, als wir sie aufhängten. Drei Tage lang sollten wir das nasse und schwere Zeug in den Rucksäcken durch die Gegend schleppen.

HUND ODER BIBER?

Der Weg führt uns in fast östlicher Richtung über Wald- und Wanderwege. Hier wird überall derbe Holzwirtschaft betrieben; ab und zu zeugt ein Kahlschlag von dem wüsten Umgang mit dem Wald. Das Wetter bleibt überwiegend feucht und kalt.

Von Tylldal laufen wir über Waldwege durch lichte Kiefern- und Fichtenwälder. Der Boden ist überall mit unterschiedlichen Moosen bedeckt. Überhaupt läßt sich die Holzwirtschaft hier nur selten mit der deutschen vergleichen. Sie ist weniger intensiv und die Bäume stehen meist in größerem Abstand. So sind die Wälder selten dunkel und das Unterholz kann sich entwickeln.

Die Landschaft ist nur noch leicht hügelig und fast durchgängig bewachsen.

Nach einem sehr langen Wandertag kommen wir müde und abgekämpft in Brydal an. Hier lädt uns ein alter Schafstall zur Übernachtung ein. Scheinbar ist er jahrelang nicht benutzt worden, er ist völlig mit Birken zugewachsen. Uli flucht zwar und entdeckt überall ›Schafsscheiße‹, aber die Übrigen sind der Meinung, daß es sich hier bei diesem nassen Wetter doch komfortabler übernachtet, als im Zelt.

Auf einer Straße zu laufen, ist erheblich anstrengender, als auf einem Wanderweg oder unter gleichen Bedingungen querfeldein. Viel schneller spürt man Schmerzen in den Muskeln und Gelenken. An den unmöglichsten Stellen am Fuß treten Blasen auf, die man sich nie erträumt hat. Doch leider lassen sich die Straßen nicht immer vermeiden, wenn man zum Beispiel in ein bestimmtes Gebiet möchte, in das kein Wanderweg führt und wenn die Landschaftsform das Querfeldeinwandern nicht erlaubt.

In der Nacht, wir sind auf einer Höhe von 1100 Metern, fällt das Thermometer auf −2°C. Doch keiner von uns friert. Mecki und Uli haben ihre Schlafsäcke inzwischen gegen wärmere eingetauscht. Unter leichtem Nieselregen wandern wir weit über die Baumgrenze hinaus. Hier gedeihen nur noch die knöchelhohen Fjellpflanzen, die den harten und kalten Winden trotzen können.

Ein Frühstück mit Bannoks

Schon von weitem können wir unter uns die Baumgrenze erkennen, die wir erst gestern verlassen haben. Durch die erste Birken hindurch bietet sich uns ein wunderschöner Blick in das Holøydal. Ein Fluß schlängelt sich durch grüne Wiesen, auf denen Kühe weiden, vorbei an Heuschobern und Hainen. Ein beeindruckendes Bild!

Im Tal verlassen uns Uli und Mecki wieder, sie wollen die restlichen Urlaubstage an der Küste verbringen. Die nächsten sechs Wochen laufen wir zu dritt weiter. Die folgende Etappe führt uns in die Richtung des Femund-Sees und dann weiter nördlich nach Brekken.

Bergauf windet sich der Weg durch den Wald, der zunehmend niedriger wird und dann ganz verschwindet. Plötzlich fliegen – von uns aufgeschreckt – laut rufend mehrere Schneehühner auf. Ein Weibchen läuft quer über unseren Pfad, gut sichtbar, durch niedrigen Bewuchs. Sie will uns von ihren Jungen ablenken, die hier irgendwo im Gebüsch hocken. Die Schneehühner haben inzwischen ihr weißes Winterkleid, welches ihnen zur Tarnung diente, abgelegt. Wir wollen sie nicht weiter

In der Kinnbua-Hütte

stören und gehen noch ein Weilchen bergauf. Hier oben weht uns eine recht steife Brise entgegen. Dafür werden wir durch eine sehr gute Aussicht bis zur südlichen Spitze des Femund-Sees, der sich hier fast 60 Kilometer an der schwedischen Grenze erstreckt, belohnt. Keine Stunde weiter empfängt uns die Kinnbua-Hütte, die für den Wanderer offen steht. Der einzige Raum wird von vier schmalen Betten und einem Öfchen ausgefüllt. Obwohl es erst Mittag ist, beschließen wir, hier zu verweilen, denn die Möglichkeiten, Wäsche zu waschen und zu trocknen, sind rar. Das Feuer prasselt im Ofen, draußen heult der Wind um die Hütte. Von dieser gemütlichen Bleibe sprechen wir noch lange.

Über Nacht schläft der Wind ein, beim Aufwachen lugt die Sonne durch das Fenster. Zum Frühstück bereiten wir uns Bannoks, eine Art Fladenbrot, einfach zuzubereiten und somit bestens für das Outdoor-Leben geeignet. Sie bestehen aus Vollkornmehl, Wasser und Salz. Als Treibmittel kann man, je nach Temperatur Hefe oder Backpulver verwenden. Alles wird zu einem nicht klebenden Teig verknetet und als fingerdicke Flade in der heißen Pfanne einige Minuten von beiden Seiten gebacken. Den Variationsmöglichkeiten sind keine Schranken gesetzt. Sie reichen vom Haferflocken- über den Speck- bis zum Rosinen mit Zimt-Bannok. Ich meine, der Bannok ist eine äußerst wohlschmekkende Abwechslung zum Brot- oder Müslifrühstück. Übrigens ist der

Bannok keine moderne Erfindung. Er wurde von den alten Trappern in Kanada entwickelt. Deswegen auch der Beiname Prospektorenbrot.

Wir packen unsere Sachen, säubern die Hütte und lassen zwanzig Kronen für das verbrauchte Feuerholz zurück. So schön der Tag heute auch ist, so unangenehm plagen uns unzählige Mücken. Nur Rainer hat an einen Mückenstift gedacht, den wir uns sehr sparsam teilen. Dieses Getier wird gerade bei Windstille zur Plage. Wenn es so warm ist wie heute, ist es nicht möglich, sich durch dicke Kleidung zu schützen. Trotz des herrlichen Wetters haben wir wenig Lust zu einer Pause, in der wir kaum Entspannung finden würden.

Gleich, nachdem wir den Tufsinga durchquert haben, entdecken wir ein riesiges Sumpfgebiet, das mit dem weißblühenden Sumpfgras übersät ist. Dazwischen schlängelt sich ein ruhiges Flüßchen, vereinzelt stehen Birken im Wasser. Obwohl die Mücken es scheinbar besonders auf die Fotografen abgesehen haben, werden drei Filme belichtet. Bis zum oberen Rand der Stiefel stehen wir im Sumpf, ab und zu läuft das Wasser oben hinein, was uns jedoch angesichts derart schöner Motive nicht stört. Angezogen von der Idylle, die das Gebiet ausstrahlt, schlagen wir bald unsere Zelte auf einer Wiese am Fluß auf. Obwohl es warm ist, sitzen wir draußen im Anorak, die Kapuze übergezogen und die Handschuhe an, um den Mücken eine möglichst geringe Angriffsfläche zu bieten. Bald bemerken wir, daß die Wiese nicht nur uns gehört. Zwölf Kühe kommen neugierig näher und schnuppern an den Zelten. Als auch Jutta von der Friedfertigkeit der Tiere überzeugt ist, entspannt sich die Atmosphäre und wir bereiten unser Abendessen. Heute gibt es Speck mit Reis und Toro-Stroganof. Toro ist ein norwegischer Hersteller für Tütensuppen und -soßen, die erheblich besser schmecken, als die bei uns erhältlichen. ›Besser schmecken‹ ist natürlich sehr relativ, aber die verschiedenen Geschmacksrichtungen, die auf den Tüten stehen, gibt es wirklich und überall ist genug Trockengemüse drin.

Plötzlich platscht es im Fluß, gleich in der Nähe. Was war das? »Das wird ein Hund sein!« »Nein, so groß war das Tier nicht, hast du den Schwanz gesehen?« »Ein Fischotter vielleicht.« »Die sind kleiner.« Wir gehen am Fluß entlang, das Tier ist weg. Rainer löst das Rätsel. Er entdeckt an einer Birke die typischen Nagespuren des Bibers. Bald sehen wir noch mehr dieser Spuren. Abgenagte Birken liegen halb im Wasser. Weiter flußaufwärts, auf der anderen Seite, finden wir seine Behausung. Eine große Anhäufung von Ästen und Treibholz bildet die Höhle.

Wollgras

Spuren des Bibers

Ich schnappe mir die Kamera und warte am Ufer. Die Sonne steht schon tief, reicht da der 64 ASA Film? Unweit tanzen über dem Fluß tausende von Mücken und andere Flugobjekte im Gegenlicht. Dafür reicht der Film. Plötzlich tut sich was im Fluß. Der Biber ist kaum zu sehen, nur an der ›Bugwelle‹ erkenne ich ihn. Ich lasse ihn näher kommen – bin recht aufgeregt – drücke ab – scheiße: überbelichtet. Drücke noch mal auf den Auslöser, aber da ist der Kerl schon im Schatten der Bäume und die größte Blende reicht nicht mehr aus. Schade. Aber dafür habe ich endlich mal einen Biber in natura gesehen. Inzwischen herrscht im Camp große Aufregung. Jutta hat einen kapitalen Hecht gefangen. Sie hat ›nur mal so‹ die Angel ausgeworfen und mit einem Mal hat es kräftig dran gezogen. Jutta ist die ganze Angelegenheit nicht recht geheuer und so hat Rainer die weitere Arbeit besorgt. Ihr tut dieser Fisch regelrecht leid. Selbst für ein Foto will sie ihn nicht in die Hand nehmen. So muß ich dann Rainers Fotowunsch entgegenkommen und dem Hecht unter die Kiemen greifen.

Wir bleiben, in der Hoffnung auf ein paar Biberfotos, noch einen Tag hier. Die Zeit vertreiben wir uns mit Schwimmen und Lesen, wobei letzteres im Zelt geschieht. Hier sind wir vor den Mücken sicher, aber noch lange nicht vor den Knotts. Knotts, zu deutsch: Kriebelmücken,

Juttas Hecht

sind unendlich tückische Tiere. Man hört sie nicht und sieht sie kaum, so klein sind diese Biester. Sie graben sich in die Haut ein und hinterlassen eine ewig juckende kleine Wunde. Gern fliegen sie einem in die Hemdsärmel. Selbst das Mückennetz im Zelt hält sie nicht ab. Grundsätzlich treten die Knotts in Massen auf, am liebsten dort, wo es feucht ist und kein Wind geht.

Am Nachmittag bereite ich am Fluß entlang Astgabeln als Stative für die Kamera vor. Das 400 Millimeter-Objektiv ist vorgesetzt, ein 400 ASA Film eingespannt. Ich warte und die Mücken haben ihre Freude. Langsam wird es dunkel, die Möglichkeiten des Films erschöpfen sich. Enttäuscht packe ich die Sachen und gehe zum Lagerfeuer zurück.

Erst spät in der Nacht höre ich vom Schlafsack aus das typische Platschen des eintauchenden Bibers im Fluß.

Eine kleine Hoffnung auf das erste Foto bleibt, normalerweise schadet es ja nicht, bei Gegenlicht die Blende etwas zu öffnen. Das Ergebnis werde ich aber erst zehn Monate später sehen.

In den nächsten Tagen hält der Sommer Einzug. Die Sonne scheint fast ununterbrochen, die Mücken und Knotts sind lebendiger denn je. So können wir uns auf dem Weg Richtung Norden nach Brekken kaum eine bloße Hautfläche leisten, der einzige Mückenstift ist aufgebraucht. Bei der Zeltplatzsuche kommt ein Kriterium hinzu: Der Platz soll möglichst dem Wind ausgesetzt sein, denn das mögen die Mücken nicht. Unbewachsene Bergkuppen, über die der Wind streicht, lassen uns den Sommer genießen.

Das Wetter treibt den Schweiß, das Wandern bei der Hitze ist mühsamer, als bei gemäßigten Temperaturen. Oft haben wir eine fantastische Aussicht auf die hügelige, stark bewaldete Landschaft. Selten sind Wiesen und Bauernhöfe zu sehen, dazwischen erstreckt sich endloser Wald. Der Osten Norwegens ist nur dünn besiedelt.

Sobald wir einen Zeltplatz an einem See gefunden haben, kühlen wir uns in dem kalten, klaren Wasser. So im Flenssjøen, am Feragen und am Røragen bei Brekken. Hier pausieren wir einige Tage, trampen nach Røros, um Mückenstifte und -öl, Lebensmittel und anderes zu besorgen.

In den nächsten neun Tagen wollen wir weiter in nördlicher Richtung, entlang der schwedischen Grenze, nach Kopperå laufen. Doch bereits am ersten Tag macht uns die Hitze zu schaffen. Die Last der Rucksäcke wird zu schwer. Schon nach wenigen Kilometern beschließen wir, noch einen Tag zu verweilen und alle Lebensmittel, die wir nicht unbedingt benötigen, aufzuessen. Dazu lädt uns ein weißer Sandstrand am Aursunden ein. ›Ostseefeeling‹ steht im Tagebuch. Wirklich mal wieder ein idyllisches Plätzchen. Der See ist ringsum mit Wald umgeben, in der Nähe stehen die Scheunen und Schuppen eines Gehöfts, dessen Dächer mit dichtem Gras bewachsen sind. Davor grasen Kühe, die uns ab und zu einen Besuch abstatten. Rainer ist besorgt, daß die Tiere über die Zeltschnüre stolpern und unser Heim niederreißen können. Dafür scheint das Vieh aber zu gute Augen zu haben. Selbst nachts, wenn es ganz dicht am Zelt herumschnüffelt, passiert nichts.

Unser nächster Wandertag wird von der Sonne bestimmt, lediglich vereinzelte Wolken stehen am Himmel. Unser Weg führt heute hauptsächlich über kleine Straßen und Waldwege. Die Bauern heuen fleißig und mähen rücksichtslos meine Lieblingsmotive nieder. Doch heute haben wir noch einmal Glück. Wir entdecken eine Wiese – oder besser ein Blumenmeer – zwischen einem Wald aus Kiefern und Birken. Sie ist mit blauen Blüten übersät. Von Blüte zu Blüte tummeln sich Schmetterlinge und Hummeln, ein Bild des Friedens und der Ruhe. Eine roh gezimmerte Hütte, auf deren Dach die Birken das Gras um etliches überwuchern, schmiegt sich an den Waldrand. Es erweist sich als nicht einfach, diese Idylle auf Film zu bannen.

Auf einem der vielen Seen macht eine Entenfamilie auf sich aufmerksam. Das heißt, wahrscheinlich will sie das Gegenteil erreichen. Die Entenmutter hält den Kopf zur Tarnung unter Wasser, nur noch der leblos wirkende Körper wird von den Jungen umrundet. Zunächst halten wir die Alte wirklich für tot, bis uns an ihren kaum wahrnehmbaren Schwimmbewegungen der Trick offenbar wird. Da wir schon recht lange rätseln und nicht die zeitliche Fähigkeit des Abtauchens einzuschätzen wissen, ziehen wir es vor, den Ort zu verlassen, um die Alte nicht um den für sie notwendigen Sauerstoff zu bringen.

Am Abend soll es Pfannkuchen geben. Die wollen uns aber absolut nicht gelingen. Sie brennen an und sind breiig. Jeder hat einen anderen Tip, woran es liegen kann und probiert es auf seine Weise. Doch es gelingt keinem, die Theorien werden ins Abenteuerliche gesponnen. Langsam dämmert uns, daß das Roggenmehl Ursache des Mißlingens sein muß. Pur eignet es sich anscheinend nicht für Pfannkuchen. Trotz allem langen wir zu. Jutta hält sich erstaunlicherweise zurück, nur Rainer und mir drohen die Bäuche zu platzen. Unsere dahinsiechende Eßkultur macht inzwischen selbst vor diesem Schleim nicht halt.

DIE SCHLAMMSCHLACHT

Nördlich vom Stugusjøen beginnt ein großes Wandergebiet, das sich weit auf die schwedische Seite erstreckt. Wir wandern parallel zur Grenze und bleiben auf norwegischem Boden. Der Wanderweg führt uns rasch über die Baumgrenze, vorbei an recht hohen Bergen, besonders auf der schwedischen Seite. Die Schneereste tauen hier ab 800 Metern nicht mehr ab. An den Rändern der Bäche, die von den Bergen herunterplätschern, wächst Farnkraut in dichten Büscheln. Jede Woche entdecken wir die Neuigkeiten der Botanik. Die Natur bleibt nicht stehen, dauernd wechselt sie ihr Gesicht.

Eine schöne, malerische Bucht am Nesjø, die wir durch das Fernglas entdecken, scheint uns ideal zum Übernachten. Doch unten angekommen, ist unsere Bucht schon besetzt. Einige Freizeitfischer begrüßen uns lauthals. Ich kann sie kaum verstehen, was weniger an meinen immer noch mangelnden Sprachkenntnissen liegt, sonder eher an ihren vom Alkohol gelähmten Zungen. In ihren Thermosflaschen ist scharfgebrannter Klarer. Nach einer Stunde mühsamer Unterhaltung steigen sie in ihre Boote, was längere Zeit in Anspruch nimmt, da ständig sie selbst mitsamt den Booten umzukippen drohen. Auch das Anwerfen des Außenborders bereitet erhebliche Schwierigkeiten. Immer wieder werden sie an Land getrieben, bei ihren Versuchen, den Motor anzuwerfen. Schließlich klappt es, ohne zu kentern und mit großem Hallo verabschieden sie sich. Endlich können wir es uns in der Bucht gemütlich machen.

Das Treibholz am Ufer eignet sich gut für ein Feuer. Die Wärme wirkt wohlig bei diesem trüben Wetter. Kurz vor Sonnenaufgang klart es auf, die Wolken ziehen dicht über den gegenüberliegenden Berg und lösen sich in Nichts auf. Morgen haben wir bestimmt ein Super-Wetter!

Doch weit gefehlt. Das Wetter am Morgen ist grau in grau. Wir laufen den ganzen Vormittag in den Wolken. Es nieselt und es ist kalt. Zum Glück ist der Wanderweg gut markiert, denn sonst hätten wir uns sicherlich verlaufen. Wir sehen kaum fünfzig Meter weit, der Blick westlich auf den großen Stausee ist uns nicht gegönnt. Es dauert nicht lange und wir sind durchweicht. Die Schokoladenpause verdient ihren Namen nicht mehr, wir stehen frierend an unseren Rucksäcken und wuchten uns die Kolosse schnell wieder auf den Rücken. Die Augen konzentrieren sich starr auf den Weg.

Wanderer kommen uns entgegen und berichten über die defekte Brücke vor Storerikvollen über den Djupholma. Das Wasser reiche bis zu den Oberschenkeln, berichtet verdrossen eine Frau in Knickerbokkern und klobigen Wanderstiefeln.

Bald geht es wieder abwärts, die Sicht bessert sich. Endlich können wir auf den Essandsjø blicken. Eine Rentierherde, aus sechs Tieren bestehend, läuft auf uns zu, nimmt uns wahr und verschwindet fluchtartig in östliche Richtung. Sie wurde von einer größeren Gruppe Schweden aufgeschreckt, die lärmend einen Fluß überqueren. Es regnet ununterbrochen, der Weg wird immer morastiger. Wir haben keinen trockenen Fetzen mehr am Leib, als wir unten am See, mitten im Wald eine kleine Fischerhütte entdecken, die weder bewohnt noch verschlossen ist. Unsere Freude ist groß. Welch ein unglaubliches Glück! Schnell trocknet der Ofen die Wäsche. Er wärmt uns wieder auf. Diese Behausung nutzen wir ohne Diskussion für einen Ruhetag. Wir backen Brot, waschen die Wäsche und genehmigen uns eine Linsensuppe mit Brennnesselgemüse.

Ich bin nicht gerade auf die Übernachtung in Hütten erpicht. Schließlich könnten wir, wenn wir wollten, in diesem Gebiet jede Nacht in einer Hütte verbringen, die hier in Tagesabständen von einem Wanderverein in die Landschaft gestellt worden sind. Gegen ein Entgelt hat man nicht nur ein Bett zur Verfügung, sondern wird gleichzeitig aus der Hausküche mit Mahlzeiten versorgt. Wir jedoch haben unser Zelt und ab und zu das Glück, eine offene, unbewohnte Hütte zu finden.

Für mich hat das Wandern von Hütte zu Hütte einen etwas seltsamen Beigeschmack. Es würde mir vorkommen, als wäre ich ohne Ausweichmöglichkeit an ein Ziel gebunden, das ich jeden Abend erreichen müßte. Viel lieber verbringe ich das Tagesende in der von mir oder der Natur gewünschten Atmosphäre. Die einzelnen Tagesetappen zwischen Hütten wären eben nur Etappen in der freien Natur. Ich habe mich immer im Zelt wohlgefühlt. Alle Geräusche der Nacht dringen fast ungedämpft ans Ohr, die Nacht ist somit nicht einschneidend anders als der Tag. Abgesehen davon, daß mir ein Zelt größere Unabhängigkeit verleiht, fügt es sich in ein Leben mit der Natur fast übergangslos ein. Natürlich ist eine Hütte, gerade wenn es regnet oder ein Schneesturm über die Landschaft tobt, eine willkommene Abwechslung. Der Reiz aber liegt in der Abwechslung und nicht in der Gewöhnung.

Das Tagebuch der folgenden Tage ist Zeugnis des schlechten Wetters:

20. 7.: »Heute war es bedeckt, aber überwiegend trocken. Die Wolken liegen etwas höher, auf ungefähr 1100 Metern. Wir liefen unten am See entlang – eine wahre Schlammschlacht. Ab und zu versank ich bis zu den Knien im Sumpf und Morast. Eine Schlammkruste ziert unsere Hosen bis zu den Kniekehlen ...«

21. 7.: »Nachts und den ganzen Tag über hat es ununterbrochen geregnet. Die Wolken steigen nicht höher als 800 Meter. Der Weg wurde immer schlammiger, teils gehen wir daneben. Die Schuhe und Strümpfe sind durchweicht. Wir laufen jetzt im Gänsemarsch, wobei der Abstand zwischen dem ersten und den beiden Nachfolgenden recht groß ist, was den Vorteil hat, daß nicht alle in demselben Morastloch versinken. Die beiden Hinteren können gegebenenfalls rechtzeitig ausweichen ... Es regnet erneut durch das Zelt, zwei Tuben Nahtdicht haben keinen durchschlagenden Erfolg gebracht. Doch wir sind inzwischen erfinderisch geworden. Durch geschicktes Anbringen von Fäden und unter Ausnutzung der Bänder, die das Außen- mit dem Innenzelt

Ein überspülter Weg

verbinden, läuft der Großteil des Wassers jetzt nicht mehr auf die Schlafsäcke, sondern in unempfindlichere Bereiche des Zeltes.

Bei diesem Wetter können wir das Wandern und die Landschaft wenig genießen. Als einzig Positives erscheint mir die geringe Mückenzahl und das geringe Gewicht der Rucksäcke, die um das Regenzeug erleichtert sind. Trotz der gedämpften Laune finden wir immer noch Anlaß zu Blödeleien...«

22. 7.: »Heute morgen hatten wir das Glück eines fast regenfreien Bannokfrühstücks. Die Nacht über hat es durchgängig geregnet und unsere Schlafsäcke sind trotz aller Vorsichtsmaßnahmen bedenklich feuchtnaß...«

Unweit des industrieluftgeschwängerten Städtchens Kopperå bauen wir, der Schlammschlacht entwichen, unsere Zelte auf einer kleinen Insel auf. Diese erreichen wir von Stein zu Stein springend, denn das Inselchen liegt mitten im Størdalselva. Von hier aus brechen wir ohne Gepäck und trampend in Richtung Trondheim auf, um einige notwendige Dinge zu besorgen.

Der Frühling in den Bergen beginnt

Im Gebiet des Öystre Slidre

Himbeeren bereichern die Mahlzeit

Am Indre Folda

Auf dem Weg nach Mo i Rana

Der Herbst beginnt

Während sich unsere drei Wanderfreaks in der Großstadt Trondheim vergnügen, will ich die Gelegenheit nutzen, ein paar Worte zu unserer so wichtigen Regenkleidung zu verlieren.

Jeder von uns hat entweder eine wasserdichte Hose oder Rainchaps, wasserdichte Hosenbeine, dabei, die sich auch dann als sehr sinnvoll erweisen, wenn es nicht mehr regnet, aber die Büsche und Sträucher noch naß sind. Rucksack und Oberkörper schützt ein Poncho (im US-Shop für etwa 40,– DM erhältlich). Auszusetzen an diesem Poncho ist lediglich seine unproportionierte Länge. Er ist vorn zu lang und hinten zu kurz. Deshalb ist ein Poncho aus Goretex, der dem Körper samt Rucksack angepaßt und vorn nicht zu lang ist – das stört beim Bergaufgehen –, sicher besser geeignet. Der US-Poncho wiederum hat den Vorteil der Vielseitigkeit. Man kann ihn als Notzelt oder als Schutzdach aufspannen, wovon ich im Herbst oft profitiere.

Auch wenn der Poncho über den Rucksack reicht, würde ich dringend empfehlen, den Inhalt wasserdicht zu verpacken. Kein Rucksack ist völlig wasserundurchlässig, außerdem muß in Norwegen immer mit einem überraschenden Regenschauer gerechnet werden, oder es passiert ein Mißgeschick bei einer der vielen Flußdurchquerungen und der Rucksack landet im Wasser. Dann ist guter Rat teuer, alles ist naß und unendlich schwer. Gewöhnliche Regenjacken testen wir ebenfalls. Doch wir schwitzen darunter und das Gepäck bleibt ungeschützt.

Rainer besitzt einen Goretex-Anorak. Goretex ist ein verhältnismäßig neues Gewebe, das Regen abhalten und die Körperfeuchtigkeit nach außen leiten soll. Solch ein Anorak eignet sich schon besser. Doch jegliches Regenzeug nützt nichts, wenn die Temperaturen verhältnismäßig hoch sind. Man schwitzt, besonders wenn es steil bergauf geht. Auch das beste Material verhindert den Schweiß nicht, man wird von innen her naß.

Rainer und ich haben Stiefel, die im Fußbereich aus kräftigem Gummi gefertigt sind, während der Schaft aus Leder besteht. Meines Erachtens die beste Lösung für das Wandern in Norwegen, da man nie sicher weiß, was das Wetter für Überraschungen parat hält. Nur bei Dauerregen sind Gummistiefel besser, mit denen Kletterpartien allerdings nicht durchzuführen sind. Obwohl unsere Schuhe nicht hundertprozentig wasserdicht sind, bleiben die Füße trocken, wenn man mal durch Sumpfgebiete läuft. Selbst für eine rasche und flache Flußdurchquerung sind sie geeignet.

Allerdings sind diese Schuhe nach 1000 Kilometern hinüber, das Profil fast ganz abgelaufen und das Gummi um den Fuß gebrochen. Dem Wasser ist somit Tor und Tür geöffnet. Die Stiefel haben keinen Innenschuh. Das hat den Vorteil, daß sie schnell trocknen, aber den ›Nachteil‹, daß wir den Fuß mit drei Paar dicken Strümpfen abpolstern müssen, um Blasen zu vermeiden.

Jutta läuft in guten Bergschuhen. Die eignen sich in trockeneren Gegenden, nicht aber in Sümpfen oder anderen Feuchtgebieten. Bei Regen läuft das Wasser trotz sorgfältigen und regelmäßigen Einfettens unaufhaltsam hinein. Eine nicht geringe Anzahl von Blasen an Juttas Füßen ist das Ergebnis. Da helfen auch Gamaschen nur wenig. Rainer gibt Jutta den Tip, Plastiktüten als äußeren Strumpf zu tragen, damit die Socken wenigstens trocken bleiben. Das bewährt sich.

Inzwischen haben wir von einem Glas Bier für 10,– DM, dem Lärm, der Hektik und dem Gestank Trondheims genug und erleben, nach zwei Tagen an unserer Insel angekommen, eine böse Überraschung. Wir trauen unseren Augen kaum. Der Regen der letzten Tage hat den Wasserspiegel um einen Meter ansteigen lassen. Der Fluß ist erheblich reißender geworden. Wir müssen uns anschreien, um uns zu verständigen. Von den Steinen, die uns als Weg gedient haben, ist längst nichts mehr zu sehen. Rainer, dem unermüdlichen Pionier, gelingt es nach einigem Hin und Her, die noch einzige Stelle zur Überquerung auszumachen. Ohne Hose, nur mit einem langen Stock bewaffnet, tastet sich einer nach dem andern zur Insel hinüber. Ein Aufatmen bei demjenigen, der wieder sicheren Boden unter den Füßen spürt. Doch was nun? Wenn der Fluß weiter ansteigt, wird er undurchquerbar. Da es bereits dämmert, beschließen wir, selbst auf die Gefahr hin, einige Tage festzusitzen, auf der Insel zu bleiben. Lebensmittel, ausreichend für eine Woche, haben wir genug. Unsere Kochstelle steht gänzlich untter Wasser, Rainers Zelt ist von der Flut bedroht.

Ich werden den ganzen Abend über ein beängstigendes Gefühl nicht los. Unsere Gespräche drehen sich ausschließlich um den Wasserspiegel.

Am folgenden Morgen laufe ich zuallererst zum Fluß und kann erleichtert den gefallenen Wasserspiegel zur Kenntnis nehmen.

Eine kleine Tagebucheintragung vom 29. 7. erscheint mir für diese Zeit meiner Tour sehr bezeichnend:

»... Und es regnete in einem fort. Die Rinnsale wurden zu Bächen, die Bäche zu Flüssen und die Flüsse zu Strömen. Schließlich traten sie über die Ufer und suchten sich ihren Weg über Straßen und Felder,

durch Äcker und Wälder. Noah runzelte die Stirn, denn nun wurde es höchste Zeit für die drei Wanderer aus dem hohen Norden ...«

Es regnet und regnet – der schlechteste Sommer, den ich je in Norwegen erlebt habe. So sind es im Juli nur sieben Tage, an denen sich die Sonne blicken läßt, im August nur sechs. Dafür im Juli 17 Tage mit

Regen, wobei die Tage, an denen es nur mal für eine Stunde getröpfelt hat, nicht mitgezählt sind. Im August sind wir dem Regen sogar 22 Tage ausgesetzt.

Man möchte meinen, daß das Outdoor-Leben unter solchen Bedingungen ein einziges Elend ist. Aber weit gefehlt. Man gewöhnt sich in gewisser Weise daran, ja, gewisse Fähigkeiten können sich so erst entwickeln. Zum Beispiel das Feuermachen. Kein einziges Mal fallen unsere Bemühungen, ein wärmendes Feuer zu entfachen, ins Wasser. Die Technik perfektioniert sich. Immer haben wir einen Vorrat an trockener Birkenrinde, dem besten Zunder überhaupt, in den Taschen. Meist findet sich unter den Fichten noch ein wenig trockenes Holz, das fürs Anmachen gut genug ist. Wenn nicht, so schälen wir das nasse äußere Holz von toten Ästen ab, worunter dann trockenes Holz zum Vorschein kommt, solange man nicht einen durchtränkten Birkenast erwischt.

Einmal geht mir die Birkenrinde aus, ich bin nur von den Resten der Baumgrenze umgeben. Tagelang hat es geregnet, mein Zelt steht in den Wolken, alles ist patschnaß. Selbst unter diesen Umständen gelingt mir ein gutes Feuer, auch wenn es bestimmt zwei Stunden dauert, bis es brennt. Recht lange suche ich nach totem Nadelholz, aus dessen trockenen Kern ich zunächst ganz feine Späne mit dem Messer hobel. Nach und nach findet sich genügend Holz. Mit nur einem Streichholz kommt es in Gang. Um die Forellen zu garen und für einen heißen Tee reicht es.

Die Nähte des Zeltes sind bis in den August hinein mit drei Tuben Nahtdicht nicht abzudichten. An den Ecken tropft es nach etwas längerem Regen auch durch das Innenzelt. Meist rücken Jutta und ich dann in der Zeltmitte ganz dicht zusammen, wozu es der Leckagen allerdings nicht immer bedarf. Unsere Kleidung liegt wasserdicht verpackt an den Seiten.

Durch das häufige nasse Einpacken des Zeltes zeigen sich bald kleine Schimmelstellen am Innenzelt. Das ist nicht zu verhindern. Erst im August bekomme ich von Globetrotter in Hamburg für die Nähte ein wahres Wundermittel. Dieser Silikonabdichter, der eigentlich zum Fenster- und Aquariumabdichten hergestellt ist, eignet sich für die Zeltnähte ganz hervorragend. Ab diesem Zeitpunkt ist das Zelt dicht.

Nur vom Fotografieren kann mich das Wetter abhalten. Die trüben Aussichten erfordern oft Belichtungszeiten, die aus der Hand nicht mehr zu halten sind. Oft ärgere ich mich maßlos, denn die Landschaft Norwegens ist nie langweilig. Um so besser werden die Augenblicke des

Sonnenscheins genutzt. Ich möchte wetten, daß man beim Durchsehen der Dias nicht an einen verregneten Sommer glauben kann.

Nicht wegzudiskutieren ist die Tatsache, daß der Dauerniederschlag auf das Gemüt schlägt. Es ist einfach ärgerlich, wenn man zwei Wochen lang in nassen Stiefeln herumwandert. Der feuchte Schlafsack wird immer unbequemer. Es stimmt verdrießlich, wenn es einem einfach nicht vergönnt ist, den Abend träumend oder schwatzend am Lagerfeuer zu verbringen oder wenn das Frühstück zu einem Pendelverkehr zwischen Feuer und Zelt ausartet, vor allem, wenn man weiß, daß es auch anders sein könnte. Aber irgendwann kommt dieses Wissen abhanden. Daraus wird Hoffen und vages Hoffen, bis auch dieses verfliegt. Das nennt sich Eingewöhnungsprozeß. Man findet sich damit ab. Aus dem Hoffen wird allenfalls ein Träumen und wer träumt nicht, obwohl er zufrieden ist. Die Unzufriedenheit verschwindet und man hat seine Erfolgserlebnisse, indem man kleine Brötchen backt. Das sind zum Beispiel die Feuer, die man trotz aller Unkenrufe entfacht und es versteht, bei Dauerregen noch ein Brot zu backen.

Nie werde ich vergessen, wie wir abgekämpft mitten in einem riesigen Sumpffeld ein trockenes Plätzchen für das Zelt suchen. Schließlich haben wir es gefunden – es ist nicht viel größer, als das Zelt selbst. Ohne ein Wort zu reden, bauen wir es auf. Die Stimmung scheint auf dem Nullpunkt angelangt zu sein. Plötzlich wirft Rainer ein paar Blödeleien ein, wir können uns das Grinsen nicht verkneifen und wenig später schon sind wir in ausgelassener Laune, wie sie uns niemand mehr zugetraut hätte.

Nichts ist in solchen Situationen schlimmer als Miesepetrigkeit oder das Lamentieren über das ach so große Elend.

VON BEEREN UND ELCHEN

In dem folgenden Kapitel möchte ich die Wanderung etwas raffen. Wir bewegen uns über kleine, abgelegene Straßen, manchmal querfeldein nordwärts durch Gebiete, die an und für sich keine Wandergebiete, doch deswegen nicht ohne Reiz sind.

Rainer setzt sich in dem Örtchen Sul von uns ab, ihn erwartet das Mittelmeer zu einem Segeltörn. So ein bißchen Mittelmeersonne könnten wir jetzt auch gebrauchen. Mit ›Mast- und Schotbruch‹ beziehungsweise ›Hals- und Beinbruch‹ verabschieden wir uns ein bißchen wehmütig.

Wider Erwarten sind die nächsten Tage sonnig und schön. Wir werden durch die Sonne geweckt. Das frische Brot, die Sonne und die Landschaft um den Kvernsjø lassen uns das Frühstück genießen.

Wir laufen kilometerweit durch große Sumpfflächen, die aber in den letzten zwei regenfreien Tagen schon ein wenig abgetrocknet sind. Gegen Mittag wird es sehr warm, doch eine schwache Brise aus dem Süden sorgt für Abkühlung. Eine Renmutter mit ihrem Kalb läuft, von uns aufgescheucht, davon. Der Nachwuchs steht schon sicher auf den Beinen und wird bald von der Mutter unabhängig sein. Wir laufen bergab an dem Fluß Heståa entlang. Kleine Haine aus hohen Birken und Fichten wechseln sich mit Sumpfflächen ab. Dazwischen liegen umgestürzt alte Fichten. Die Augen sehen sich satt. Auch der Magen wird zufriedengestellt, denn hier wachsen Unmengen von Multebeeren, direkt an den Sumpfrändern. Es ist Multebeerenzeit. Diese bei uns unbekannten Beeren wachsen an erdbeerähnlichen Büschen, gleichen jedoch eher den Himbeeren, obwohl sie etwas größer sind. Meine Geschmacksnerven sagen, daß sie leicht nach Apfel schmecken. Multebeeren sind sehr Vitamin C haltig, das einzige Vitamin, das uns die Rucksacknahrung nicht gibt. Wer bislang keinen Griesbrei mochte, der sollte ihn mal mit Multebeeren versuchen, ein größeres Kompliment für den Brei gibt es nicht.

Um diese Jahreszeit sieht man an den entlegensten Stellen Menschen mit Plastikeimern und Gummistiefeln nach Beeren suchen. Es scheint mir eine Art Volkssport zu sein. Derjenige, der nicht alles selbst essen kann oder dessen Kühltruhe die Mengen nicht mehr faßt, verkauft sie bei einer der vielen Sammelstellen und findet sie dann zum Beispiel in dem superleckeren Multe-Joghurt oder etwa im Multebeerenlikör wieder. Wie uns später ein Norweger erzählt, sei dieses Jahr das beste Multejahr seit 1954 in dieser Gegend.

Auch Blaubeeren sind jetzt reif und da wir in Richtung Snåsa immer unterhalb der Baumgrenze bleiben, entdecken wir Blaubeeren in Mengen. Solche Massen sind wohl kaum in unseren stark kultivierten Wäldern zu finden. In nur einer Stunde ist der Topf voll und unsere Mägen auch. Eine willkommene Abwechslung!

Drei Tage später erreichen wir, wieder bei strömendem Regen, das Städtchen Snåsa, am gleichnamigen See unweit der E6 gelegen. Dort bringe ich meine Schuhe zum Schuster. Ein selbständiger Versuch, der

geplatzten Nähte beizukommen, ist fehlgeschlagen. Auf der Post kann ich auch endlich das Nahtdicht in Empfang nehmen, das uns für allemal die Nähte am Zelt schließt.

Wir machen uns auf den Weg zum Gresșåmoen Nationalpark.

Erst am Andorsjø lockert sich die Bewölkung und die Sonne erreicht mit ihren warmen Strahlen den regenfeuchten Wald. Frühnebel wallt am Morgen über den See, Tautropfen an den Gräsern glitzern in der Sonne. Immer wieder stoßen wir in dem weglosen Park auf Elchspuren und -kot. Ich meine sogar, den Elch in der feuchten Luft des Waldes riechen zu können. Doch nirgends können wir ihn entdecken.

Zunehmend spüre ich die Anstrengungen der letzten Wochen und Monate. Meine Gelenke in den Beinen schmerzen, ich fühle mich oft schlaff und kraftlos. Vor allem die ab und zu auftretenden Schmerzen in den Knien geben mir zu denken. Ich brauche dringend mehrere Tage Ruhe. Auch Jutta ist da nicht abgeneigt und so einigen wir uns darauf,

Eine Seilbahn erspart bei Gressaamoen die Flußdurchquerung

an einem schönen Platz unsere letzte gemeinsame Woche zu verbringen. Vielleicht sind wir dann schon weiter westlich in der Nähe der Küste.

Den Nationalpark verlassend, bewegen wir uns in nordnordwestlicher Richtung. Wir wollen querfeldein zur Kreuzung der E6 mit der Straße 764. Bei leichtem Regen wandern wir den Grisbakkfjell hinauf, von dessen Höhe uns ein weiter Blick in das locker bewaldete Tal des Luruflusses zuteil wird. Hier empfängt uns ein fantastischer Märchenwald. So etwas habe ich noch nicht gesehen. Dicke Fichten, die ich nicht umfassen könnte, stehen lose, sich mit Birken abwechselnd, in diesem Urwald. Zwischendurch grünes, saftiges Gras, Farne, mal ein umgekippter Baum, ab und zu ein kleiner Bach. Hier fühle ich mich unbeschreiblich wohl. Das ist Natur, unberührt von Menschenhand! Wie beruhigend, daß nicht jedes kleine Stückchen Wald vom Menschen so leicht holzwirtschaftlich zu nutzen ist.

Wieder entdecken wir Elchspuren und Losung. Alles deutet auf einen Elch hin. Jutta empfindet nach, daß er ausgerechnet diesen Ort als

Behausung ausgesucht hat. Sie jedenfalls würde sich diesen Wald aussuchen. Am Flußufer stellen wir das Zelt auf, es regnet leicht, die Kamera liegt griffbereit. Aber nichts rührt sich im Wald. Unverrichteter Dinge muß ich die Kamera wieder einpacken, als wir am nächsten Morgen weiterziehen.

Heute regnet es fast ununterbrochen, wir sinken in den Sümpfen nicht selten knietief ein. Jutta flucht, sie hat dieses Wetter mehr als über. Kein Scherz kann sie heute aufheitern, sie ist einfach sauer. So laufen wir den Fjell hoch, der uns aufgrund seiner vielen Absätze den Blick ins Tal nicht freigeben will. Etwas tiefer, von Birken umgeben, steht einsam und verlassen ein Wochenendhaus, unter dessen Veranda wir einen wuchtigen Schauer abwarten, der den monotonen Regen unterbricht. Von hier aus führt ein kleiner, rutschiger Pfad in das Tal des Sandøla. Als wir endlich tiefer kommen, wird klar, daß wir hier nicht übernachten können. Das Tal besteht aus nur einer Straße und einem Fluß. Es ist eng und bietet uns keinen ruhigen Zeltplatz. Wir sind geschafft, wollen nicht mehr weiter, aber was hilfts. Wir müssen vorwärts, aus dem schmalen

Tal heraus. Aber wie und wo? Erstmal durchqueren wir den vom Regen angeschwollenen Fluß, an dessen gegenüberliegendem Ufer uns ein erschreckend steiler, dichtbewachsener Hang erwartet. So suchen wir drei Kilometer einen scheinbar passablen Übergang. Der Fluß scheint hier etwas breiter und nicht so tief zu sein, der Steilhang nicht ganz so steil.

Also wieder die Stiefel aus und die Turnschuhe an – ich weiß nicht, wie oft wir das heute schon gemacht haben. Ich krempel die Hose nur bis über die Knie, doch das Wasser reicht erheblich höher. Jutta wird bis auf das Unterhemd pitschnaß. Am anderen Ufer tauschen wir die nasse Kleidung gegen trockene Wäsche, die letzte uns verbliebene. Uns ist kalt.

Nun kommt der dicht bewachsene Steilhang. Hohe Unkrautbüschel verdecken den Blick auf den Boden. Immer wieder rutschen wir auf den nassen Wurzeln der Bäume aus. Das ist Schwerstarbeit. Zwar regnet es nicht mehr, doch das triefend nasse Unterholz durchnäßt unsere soeben frisch angezogenen Hosen. Kaum ist die Hälfte geschafft, geht es zehn Meter weit fast senkrecht bergauf. Dieser steile Abbruch war von unten nicht zu erkennen. Ich klettere ohne Rucksack. Spalten im Fels und überhängende Baumwurzeln dienen mir als Griffe, an denen ich mich langsam hochziehe. Oben werfe ich unsere Reepschnur hinunter und ziehe erst meinen, dann Juttas Rucksack herauf. Das ist gar nicht so einfach. Immer wieder verklemmt sich ein Sack an den Wurzeln und Felsen. Doch schließlich klappt es. Jutta benutzt die Reepschnur als Sicherheitsleine und kraxelt zu mir hinauf, sichtlich erleichtert. Für heute reicht's ihr. Aber noch können wir uns keine Ruhe gönnen. Mühsam, Meter für Meter, asten wir aufwärts.

Langsam nimmt die Steigung ab; endlich wird es richtiggehend flach. Nach zwei Stunden sind 130 Höhenmeter geschafft. Auf einem Waldweg, der zu einem Bauernhof führt, machen wir eine verdiente Pause.

Fix und fertig, naß und geschafft, sitzen wir am Wegesrand. Mehr als zehn Stunden Wanderung haben wir hinter uns.

Wir beschließen, beim Bauernhof um eine Übernachtungsmöglichkeit zu bitten. Ich träume von einem weichen und warmen Lager im Heu. Als wir nach drei Kilometern endlich eintreffen, ist kein Licht zu sehen, nichts. Die Tür ist verschlossen. Ich klopfe an – nichts rührt sich. Wir gehen um das Gebäude herum und finden eine offene Seitentür. »Hallo!« – nichts. Ich gehe rein, mich empfängt Kälte und Dunkelheit. An den Wänden hängen auf Pappe geklebte, getrocknete Pflanzen, präparierte Käfer und Kleintiere, beschriftet und kategorisiert.

Das muß ein Schullandheim oder ähnliches sein. Da weit und breit kein Mensch zu sehen ist und jetzt in den Sommerferien vermutlich auch niemand kommen wird, bleiben wir hier. Langsam nehmen wir die Umgebung wahr und scheinen uns in ein Paradies verirrt zu haben: Die Wärme des Ofens, der Tisch, die Stühle, die Matratzen für das Nachtlager. Todmüde sitzen wir in der Küche und können unser Glück nicht fassen.

Am folgenden Tag humpeln wir beide etwas, spüren jeden Muskel in den Beinen und Armen. Wir schenken uns hier einen Tag, nutzen ihn zum Wäsche waschen und fühlen uns wie Könige, die aus geschlagener Schlacht in ihre Burg heimkehren.

Lange noch sprechen wir über unser ›Notaufnahmelager‹.

Auf dem weiteren Weg zur E6 gelingt es uns endlich, den Elch aufzuspüren. Wir wollen gerade eine größere Sumpffläche überqueren, als Jutta das größte, auf dem Land lebende Tier des Nordens, den Elch, entdeckt. Scheinbar hat er uns noch nicht bemerkt, er grast ungestört am Waldrand. Vorsichtig lasse ich den Rucksack vom Rücken gleiten, schnappe mir die Kamera und pirsche mich heran. Doch irgendetwas verrät mich. Plötzlich hebt er den Kopf, sieht in meine Richtung und galoppiert leichtfüßig in den Wald. Noch zwei weitere Male bietet sich uns die Gelegenheit, Elche zu beobachten. Doch leider sind sie sehr scheu und lassen uns niemals dichter an sich herankommen.

Wir bewegen uns parallel zur E6 auf Bahngleisen und kleinen Feldbzw. Waldwegen, bis zur Seilbahn, die früher einmal Erze von Skorovatn zum Indri Folda, einem Fjord bei Foldereid, transportierte. Dieser Seilbahn wollen wir bis zum Fjord folgen. Doch zuvor pausieren wir drei Tage lang in einem gemütlichen Wald, besuchen das Dorf Trones und kaufen für die nächsten sechs Tage ein. Reife Kartoffeln und Zuckerrüben finden wir auf den Feldern und bereiten uns wohlschmeckende Eintöpfe.

Am 25. August bei nur 1½°C brechen wir zu Juttas letzter Etappe auf. Das Wetter meint es gut mit uns, wir laufen über kleine Straßen an versteckten Bauernhöfen und Feldern vorbei. Herden von Ziegen und Schafen gucken uns neugierig nach. Der Weg endet an einer Umfüllstation der Erzbahn. Überall stehen große Gatter, an denen wir Renspuren entdecken. Etwas abseits steht eine Kote der Samen (Lappen). Scheinbar wird dieses Gebiet für die Rentierhaltung genutzt.

Wieder regnet es. Der Wind ist kalt. Westlich der Seilbahn klettern wir in die Schlucht des Folldalselva. Das erweist sich als nicht ganz einfach. Das Flüßchen, das hier vom Berg stürzt und der Regen sorgen für glitschige Felsen. An den besonders steilen Passagen müssen wir die Rucksäcke einzeln herunterreichen. So sind wir froh, als wir uns unten in dem schroffen, unwegsamen Tal eine Pause gönnen können. Links, rechts und hinter uns türmen sich die Berge steil in die Höhe, große Geröllhalden fallen in die Schlucht hinunter, ja verschütten sie fast. Unten verzieren kleine Birkenhaine die Flußränder. Die Landschaft wirkt unberührt, absolut verlassen. Der unaufhörliche Regen kann dieses Bild der eingekeilten Wildnis nicht trüben, der Eindruck ist überwältigend.

Mühsam gelangen wir über die Blockfelder, mal links, mal rechts am Fluß vorbei. Nur selten ist eine ebene, rutschfeste Fläche zu begehen. Die glatten Felsen kippen leicht oder rutschen weg, wenn wir nicht achtgeben. Wie leicht können wir uns hier eine Fußverstauchung oder Schlimmeres zuziehen! Einige blaue Flecken sind unvermeidlich. Nach vier Stunden mühsamer Arbeit haben wir gerade erst drei Kilometer hinter uns.

Da wir ständig, die günstigste Route suchend, den Fluß durchqueren müssen, werden die Stiefel rasch durchnäßt. Vom Berg herunter führt die Seilbahn zu uns ins Tal hinab. Links und rechts liegen abgestürzte, verrostete Loren, die vermutlich ein kräftiger Sturm nach unten befördert hat. Wir bestaunen beeindruckt dieses mächtige Bauwerk. Unvorstellbar scheint uns der Arbeitsaufwand, den das Errichten einer solchen Bahn inmitten dieser schroffen Landschaft erfordert.

Jutta entdeckt am Hang zwei Elche. Die Tiere haben uns offenbar gewittert, denn sie äugen zu uns herab. Doch sie suchen nicht das Weite und grasen seelenruhig weiter. Sie fühlen sich in Sicherheit. Es sind die größten Elche, die ich je gesehen habe. Trotz der gewaltigen Schaufeln bewegt sich der männliche Elch geradezu leichtfüßig.

Ganz unvermutet stoßen wir dort, wo das Tal breiter wird, auf einen recht zugewachsenen alten Treckerweg. Eine Entdeckung, über die wir uns unbändig freuen. Ein fast vergessenes Gefühl, mehr als drei Schritte gehen zu können, ohne sich auf den Boden konzentrieren zu müssen. Es dämmert schon, als vor uns ein Häuschen zwischen den Birken auftaucht. Offensichtlich gehört es zur Seilbahnanlage. Die Tür ist aus den Angeln gehoben, viele Fensterscheiben zerbrochen. Fünf Schlafräume, eine Küche samt anschließendem Eßraum beherbergt das Haus. Das zugfreieste Zimmer suchen wir uns aus. Bald prasselt ein Feuer im Ofen, über dem die nasse Kleidung hängt. Wir hocken uns dicht daran, auf das

Am Indre Folda

Der Ofen wird für das Brotbacken aufgeheizt

Dach trommelt der Regen ...

Unsere letzte gemeinsame Woche verbringen wir an einem idyllischen Platz direkt am Fjord Indri Folda. Im Hintergrund liegen abgeheute Wiesen, vor uns der Fjord, von hohen Bergen umgeben. Bei Ebbe können wir Trinkwasser von einem kleinen Bach holen, der den Berg herunterrieselt und bei Flut trockenen Fußes nicht zu erreichen ist. Ein kleiner Ofen, den wir aus Steinen, die mit Schlick verschmiert werden, gebaut haben, liefert uns Brot und sogar Kuchen. Bei so einem Ofen nutzt man zum Backen nur die Hitze, die die Steine während eines kräftigen Feuers gespeichert haben. Sie sind nach etwa zwei Stunden aufgeheizt, Glut und Asche werden hinaus- und das Brot hineingeräumt. Um zu verhindern, daß Hitze entweicht, werden Rauchabzug und Eingang sehr sorgfältig abgedichtet. Das Ergebnis ist ein Steinofenbrot.

WIEDER ALLEIN

Mit dem heutigen Morgen scheint der Herbst Einzug zu halten. Die Temperatur ist gerde noch 1°C, der Nebel hängt tief über Fjord und Landschaft, als wolle er meine Melancholie noch fördern.

Wir wechseln fast kein Wort. Worüber sollen wir auch reden?

Kurz vor 9.00 Uhr taucht der Bus aus dem Nebel auf. Wir umarmen uns ein letztes Mal – wer weiß für wie lange – dann steigt Jutta auch schon ein. Lediglich die roten Rücklichter scheinen eine Weile aus dem Nebel zu winken. Mir ist hundeelend. Ich will heulen, als ich auf einem Stein am Straßenrand sitze und in das Weiße starre. Auch als der Nebel sich langsam auflöst und einen strahlend blauen Himmel freigibt, ändert sich meine Stimmung nicht. Ich wurschtel gelangweilt am Zelt herum, die Zeit will nicht vergehen. So warte ich, laufe am Strand auf und ab und sehne die Flut herbei, bei der ich ein Boot ins Wasser ziehen will, das versteckt – zwar schon recht heruntergekommen, aber anscheinend besitzerlos – im Gebüsch liegt. Endlich hebt das Wasser den Kahn. Ich mach mich rudernd auf den Weg nach Grytbugen. Unter mehrmaligem Wasserschöpfen erreiche ich den alten Bauernhof nach vielleicht fünf Kilometern. Hier herrscht lebhaftes Treiben. Kaum habe ich das Boot ans Ufer gezogen, werde ich auch schon von einer Gruppe Schüler umringt. Anscheinend dient der stillgelegte Bauernhof als Schullandheim.

Der verlassene Bauernhof Urvoll

Mein abenteuerliches Aussehen animiert die Schüler zu tausend Fragen und meine Antworten provozieren ihre Neugier immer mehr. Sie finden mein Vorhaben sehr spannend, so daß ich alles haarklein erzähle. Dankbar für diese willkommene Abwechslung meiner Gedanken gehe ich auf alles ein. Dieser Platz scheint mir wie eine sonnenbeschienene Oase inmitten einer von Unwettern geschüttelten Welt. Einer Gedankenwelt, die mir einredet: ich sei von einer kalten Einsamkeit umgeben, ich wäre von allem und jedem verlassen.

Fast zur gleichen Zeit kommen sie auf die Idee, mich zu fotografieren. Ich fühle mich für Augenblicke wie auf einer Pressekonferenz. Sie versuchen, den Lehrer zu überreden, mich doch für eine Nacht einzuladen oder mir wenigstens einen Kaffee anzubieten.

Ihre Überredungskünste fallen bei diesem Griesgram jedoch auf unfruchtbaren Boden. Ich will mich dem Lehrer nicht aufdrängen und mit einem Abschiedsfoto der ganzen Klasse in der Kamera mache ich mich nach einiger Zeit wieder auf die Socken. Gerne wäre ich dort geblieben.

Über Nacht sinkt die Temperatur unter null. Auf den kleinen Wasserflächen der Sümpfe bildet sich eine dünne Eisschicht. Rauhreif überzieht die Gräser und Büsche. Die Blätter der ersten Bäume färben sich. Rotes Eschenlaub leuchtet aus dem sonst noch grünen Wald. Die immer bunter werdende Natur und ein besseres Wetter erleichtern mir die Gewöhnung an die Einsamkeit.

Meine erste größere Etappe, die ich nun wieder alleine zurücklegen werde, habe ich östlich des Tosenfjordes nach Tosbotn geplant. Dafür will ich mich in Myrland mit den notwendigen Lebensmitteln versorgen. Der Kaufmann im Laden guckt mich an, als käme ich vom Mond.

Seine Neugier überwindend fragt er mich nach dem Woher und Wohin. Auf meine Antwort seiner letzten Frage zieht er seine Stirn in Falten. »Du willst von hier aus über die Berge nach Tosbotn? Ich habe noch nie gehört, daß da jemand rübergekommen ist.«

In der Tat, ein Blick auf die topographische Karten, die übrigens von 1942 und sehr ungenau sind, genügt, um festzustellen, daß die Tour zumindest nicht ganz einfach wird. Die Aussage des Kaufmanns beunruhigt mich auf jeden Fall. Abends im Zelt studiere ich die Karten noch einmal ganz genau. Würde ich weiter ins Landesinnere, durch die Täler des Kalvvatn und Överevatn nach Tosdalen laufen, wäre die Etappe recht einfach. Doch dazu müßte ich zwei Tage lang über Straßen laufen, fast genau in die Richtung, aus der ich komme. Ich hasse das Laufen auf den Straßen und ich möchte mir gerne die verlassenen Siedlungen Urvoll und Reppen ansehen. Von da aus müßte ich dann in östlicher Richtung auch in diese Täler gelangen.

Meine Befürchtungen hinsichtlich der Karten bestätigen sich. Sie sind sehr ungenau, die Höhenlinien nur grob und teilweise direkt falsch eingezeichnet. So ist der Tag – bei Regen ohne Unterbrechung – sehr anstrengend.

Durch dichten Laub- und Nadelwald klettere ich den Steilhang hinauf. Der Poncho stört bei diesem Aufstieg. So muß ich nasse Kleidung in Kauf nehmen, doch es ist die einzige Möglichkeit, den Hang zu erklimmen. Oben über der Baumgrenze angekommen, geht mir langsam ein Licht auf über das, was mich in den nächsten Tagen erwartet.

Die Berge sind sehr steil und bei dieser schlechten Sicht ein unkalkulierbares Risiko. In meiner Richtung geht es nicht weiter, es ist zu schroff. Also probiere ich es weiter südlich, die Karte weist weniger schroffes Terrain aus. Langsam fange ich an zu frieren, obwohl es 8°C über null ist. Doch die nasse Wäsche macht sich hier oben in dem Wind unangenehm bemerkbar.

Für eine Weile kann ich gemütlich einem Flußlauf folgen. Nur ist es sehr sumpfig. Oft schwankt der Boden unter mir, nur die Wurzeldecke der Gräser hält mein Gewicht. Aber nicht immer. Zweimal sinke ich bis über die Knie in den Sumpf, meine Hose verändert ihre Farbe.

In der Dämmerung stoße ich unerwartet auf einen kleinen See. Erst nach langem Suchen auf der Karte weiß ich, wo ich bin – zu weit südlich. Nun gibt es nur noch den einen Weg nach Urvoll, geradewegs östlich über den Höhenzug. Laut Karte geht es dahinter steil bergab zu diesem Weg in Richtung des verlassenen Bauernhofes. Doch für heute will ich es genug sein lassen. Ich friere. Nach einiger Zeit entdecke ich den einzigen nur wenig sumpfigen Zeltplatz im Umkreis, der allerdings nicht eben ist und deswegen eine wenig erholsame Nacht verspricht.

Erst beim Abendessen, das ich vom Schlafsack aus genieße, wird mir warm. Bei Kerzenlicht studiere ich noch lange die Karten. Es scheint nur zwei Möglichkeiten zu geben. Die erste geht über den Höhenzug ostwärts, wobei mir die Höhenlinien auf der Karte nicht geheuer sind. Sie zeigen in ihrer groben Darstellung keine steilen Abbrüche an, bei denen ich scheitern könnte. Die zweite mir noch verbleibende Möglichkeit ist mir weit weniger lieb. Sie bedeutct den Abbruch der Etappe. Dann müßte ich zurück nach Myrland, um dort jemanden zu finden, der mich mit einem Boot zu einem annehmbaren Preis nach Tosen schippert. Am Morgen wache ich mitten in den Wolken auf. Das Wetter scheint mich hier festhalten zu wollen. Die Sicht ist gleich null. So muß ich schon am zweiten Tag der Etappe einen Ruhetag einlegen, allerdings ohne die Lebensmittelvorräte erheblich zu minimieren. Wer weiß, wie lange sich dieses Wetter hält! Die Zeit vertreibe ich mir erfolgreich mit der Angel. Eine der Forellen hat eine Maus im Magen, ist aber immer noch so gierig, an den Haken zu beißen. Diese Maus bewährt sich hervorragend als Köder, auch wenn sie etwas zerfleddert ist. Acht Forellen wandern vom See in meinen Topf.

Mit viel Überredungskunst schaue ich am folgenden Morgen aus dem Zelt. Die tiefen Wolken sind weg, kein Tropfen Regen fällt und endlich mal Wind, der sich allerdings gegen Abend zu einem ausgewachsenen Sturm mausert. Die nasse Kleidung im Rucksack wiegt schwer und macht den Aufstieg anstrengend. Oben am Kamm angekommen, kann ich den Fuß des Berges nicht sehen. Er ist auf dieser Seite zu steil. Ich wage aber den Abstieg, schließlich will ich die Etappe nicht aufgeben. Oftmals laufe ich dieselbe Höhenlinie auf und ab, um den sichersten

Ein verlassener Bauernhof

Abstieg zu finden. Dann krieche ich rückwärts auf allen vieren bergab, immer auf der Hut vor nur dünn bewachsenen Felsen, auf denen die Wurzeldecke leicht abreißen kann – dann geht es zu schnell abwärts. Bald tauchen wieder die ersten Bäume auf, an denen ich mich festhalten kann.

Nach über zwei Stunden schimmert endlich der Weg nach Urvoll durch den Wald. Ich bin fast außer mir vor Freude, endlich habe ich sicheren Boden unter den Füßen. Der Rest ist ein Kinderspiel. Der Holzwirtschaftsweg endet nach einigen Kilometern, ein kaum sichtbarer Pfad führt hinab nach Urvoll. Das Bauerngehöft selbst liegt in einem ebenen, vielleicht ein mal drei Kilometer großem Tal. Steil erheben sich die Berge in Herbstfarben zu allen Seiten empor. Von diesen Bergen plätschern Bäche, die in zwei, das Tal umschließenden Flüssen münden.

Urvoll ist seit langem verlassen. Die Stallungen sind verfallen, nur das Wohnhaus steht noch. Das Dach ist dicht, einige fehlende Fensterscheiben sorgen für eine gute Lüftung. Die einzigen Tiere, die es hier noch gibt, sind Mäuse. Überall auf den ehemaligen Äckern sind ihre Pfade und Löcher zu sehen und gegen Abend trippeln sie leise durch das Haus.

Ich bin sehr zufrieden. Über dem Ofen hängt die nasse Wäsche zum Trocknen. Ich fühle mich geborgen und sicher.

Der nächste Tag gestaltet sich sonnig, nur einzelne Wolken schieben sich über den Himmel. Ohne Rucksack mache ich mich auf den Weg nach Reppen. Ich streife durch herbstlichen Wald, die Sonne lugt durch das bunte Laub an den Bäumen. Vom Rucksack befreit, meine ich zu schweben. Ein ganz neues Gefühl der Fortbewegung. Auf der Hälfte des Weges habe ich Einblick in eine kleine Hochebene, die östlich verläuft. Hier werde ich morgen weitergehen. Von Reppen selbst ist nicht mehr viel zu sehen. Nur noch einige Grundmauern kann ich nach längerem Suchen zwischen dem Gras entdecken. Diese Siedlung ist offensichtlich einige Jahrzehnte vor Urvoll aufgegeben worden. Die Natur hat ihr Recht wieder beansprucht.

Auf dem Rückweg sehe ich in einem Fluß kurz vor Urvoll einige bestimmt sechzig Zentimeter lange Forellen in der Strömung stehen. Aber sie sind mit keinem Köder zu locken. Selbst tote Fliegen am Haken lassen sie kalt. Ich krame alles aus meiner Trickkiste. Doch meine stundenlangen Bemühungen fruchten nicht, die Forellen erschrecken höchstens vor den Ködern.

Auch der darauffolgende Morgen zeigt sich von seiner besten Seite. Der Himmel ist blau, Morgennebel wallt über dem Tal.

Die Sonne steht noch nicht am Himmel. Die ersten Sonnenstrahlen erreichen erst das Tal, als ich oben vom Berg einen letzten Blick in diese Idylle werfe.

Der Weg ist zunächst außerordentlich schön. Der Urwald hat es mir mit seinen Farben angetan. Selbst das Sumpfgras verfärbt sich gelb, rauhreifbedeckte Spinnweben verzieren es hier und da.

Dann wird es anstrengend. Bergauf, die Baumgrenze verlassend, geht die Vegetation mehr und mehr zurück. Dafür wird die Aussicht besser. In westlicher Richtung liegen dicht bewaldete Täler, Flüsse und Seen zerschneiden das Grün. Mir gegenüber stürzt sich ein riesiger Wasserfall fast hundert Meter hinab. Um so unzugänglicher die Gegend ist, desto schöner ist die Landschaft!

Am Nachmittag ist es mit dem schönen Wetter vorbei. Graue Wolken bedecken den Himmel, ein kalter Wind sorgt für nur kurze Pausen. Kräftezehrend geht es über Blockfelder auf und ab, ich konzentriere mich nur noch auf den Boden. Hier ist es karst, steil und schroff. Nur die spärliche Vegetation setzt selten bunte Nuancen.

Am späten Nachmittag, nur sieben Kilometer Luftlinie von Urvoll

Übernachtung in einer Felswüste

entfernt, suche ich vor dem einsetzenden Regen Schutz unter einem großen Felsvorsprung. Den Poncho spanne ich mit Hilfe der Zeltstangen gegen den Fels, so daß mir zwar ein kleiner aber trockener Platz für die Übernachtung zur Verfügung steht. Es ist kalt geworden. Zum ersten Male ziehe ich meine gesamte warme Kleidung sowie Handschuhe und Mütze an.

Des Nachts fällt die endgültige Entscheidung. Ich wache mitten in den Wolken auf, die Sicht beträgt keine zwanzig Meter. Besseres Wetter abzuwarten, kann ich nicht verantworten, denn meine Lebensmittel sind beschränkt. Auch ist es bei diesem Wetter nicht möglich, wie vorgesehen, in das Tal des Øvre Kalvvatn zu gelangen. Dazu ist die Sicht zu schlecht und das Gelände zu unberechenbar.

Die Wanderkarte weist direkt am Fjord die Siedlung Kolsvikja aus. Sie könnte ich ohne große Probleme erreichen. Doch auch Kolsvikja ist unbewohnt. Neben dieser Siedlung ist in meiner Übersichtskarte ein Wasserkraftwerk eingezeichnet. Soviel ich weiß, ist ein Elektrizitätswerk nicht wartungsfrei. Demzufolge ist es entweder besetzt oder wird regelmäßig von Technikern angelaufen. Die Chancen, dort ein Boot oder sogar Menschen anzutreffen, scheinen mir groß.

Und wirklich, meine Hoffnungen werden erfüllt. Aus zwei Wohnhäusern quillt Rauch, am Kai liegen einige Boote. Nach kurzer Problemschilderung erklärt sich ein freundlicher Mann bereit, mich nach Tosen überzusetzen. Er hat dort sowieso einige Birkenstämme abzuliefern und so paßt ihm meine Bitte recht gut.

Ich bin recht froh, als ich in Tosen stehe und mich in Sicherheit weiß. Doch dieser schnelle Sprung vom gänzlich Ungewissen zurück in die Zivilisation ist etwas seltsam. Mir wäre es lieber, die Tour ohne fremde Hilfe zu beenden und mir so einen gleitenden Übergang in bewohnte Gebiete zu ermöglichen.

Die restlichen Kilometer über die Straße nach Tosbotn sind schnell bewältigt. Kurz vor dem Ort quartiere ich mich in einem Kuhstall ein, der scheinbar nur im Sommer benutzt wird. Die kleine Poststation in Tosbotn hat für mich einen Brief von Jutta. Ein Päckchen mit einer Salbe für die Knie soll in den nächsten Tagen kommen.

Tosbotn ist ein kleines, anmutiges Fischerdorf. Am Fjord stehen in einem Achtelkreis die Bootsschuppen, im Wasser dümpeln einige Boote

Tosbotn

vor sich hin. Möwen, Krähen und Strandläufer runden das gemütliche Bild ab. Noch liegt dieses Nest in einer Sackgasse, bis die Straße durch die Berge zur E 6 fertiggestellt ist. An ihr wird fleißig gebaut, die hin und her fahrenden Lastwagen trüben die Stille, die nur am Wochenende perfekt ist.

Jeden Abend macht ein alter Mann seine Runde zu meinem Stall hin. Er führt seinen Elchhund (Jämtländer) aus. Wir kommen ins Gespräch und er erzählt mir viel vom Winter und Wetter, fragt mich nach meinem woher und wohin. Dieser alte knorrige Mann paßt in diese Landschaft, ich meine, sie in seinem Gesicht abgebildet zu sehen. Auch sein Hund weckt mein Interesse. Er ist unwahrscheinlich neugierig und flink. Den könnte ich gut gebrauchen, gerade im Winter für meinen Schlitten. Aber der Mann läßt ihn sich nicht abschwatzen, er benötigt ihn als Wachhund.

Das Päckchen will nicht ankommen, das Warten wird langweilig und als der Postmensch mir zusagt, es mir nach Mosjøen nachzuschicken, laufe ich weiter.

NORDLICHT

Strahlend blauer Himmel, warme Sonnenstrahlen, Frost in der Nacht – der Herbst zeigt sich von seiner besten Seite, als ich vom Tosenfjord in fast nördliche Richtung nach Mosjøen aufbreche. Der Wald ist noch bunter geworden, die Birken sind jetzt leuchtend gelb und das bodenbedeckende Gestrüpp orange bis rot. Golden leuchtet das Sumpfgras in der Sonne. Um die Mittagszeit ist die Sonne so warm, daß ich mich in das Gras fallen lassen kann und so den Sommer nachhole.

Langsam komme ich höher, der Fjellbewuchs wird spärlicher und das Grau der Felsen gewinnt die Oberhand. Plötzlich quiekt es zu meinen Füßen. Ein kleiner, braunschwarzer Hamster warnt vor einem Unfall. Fauchend und unter öfterem Umsehen verschwindet er in seiner Höhle.

Am Øvre Breivatn empfängt mich eine völlig andere Landschaft, als die, welche ich heute morgen verlassen habe. Das Grau des Felsen in zig Abstufungen, das helle Blau des Himmels, das Dunkel des Wassers und die vereinzelten Schneeflächen an den Seen – Farben lösen Stimmungen aus.

Ich würde gern hierbleiben, irgendwo zwischen den Steinen meinen Poncho aufschlagen und mich von dieser Stimmung ganz vereinnahmen

lassen. Doch bin ich unsicher. Heute ist der erste Wandertag und wer weiß, wie das Wetter noch wird! Die letzte Woche war eine deutliche Warnung. So laufe ich über die Blockfelder langsam wieder abwärts. Im trockenen Zustand erfordern diese Felder weniger Konzentration und ich kann mich mehr der Schönheit der Landschaft widmen. Ab und zu erkenne ich an aufeinandergestellten Steinen eine alte Wegmarkierung. Vor langen Zeiten muß hier einmal ein alter Wanderweg hergeführt haben. Bald erreiche ich wieder die ersten Birken. Das Tal, das mich nach Strompdalen führt, ist mit Urwald bedeckt. Bei Sonnenuntergang stehe ich auf der alten Alm. Nur noch eine Hütte steht dort, sie ist offen. Auf dem Küchentisch finde ich das Hüttenbuch. Wenige Menschen zieht es in dieses Gebiet, nur ein paar Botaniker haben sich in dem Buch verewigt.

Ein alter Pfad windet sich entlang des Lomselva, mal dicht am Fluß, mal wieder höher an dem oft steilen Ufer. Schneehühner gibt es hier reichlich. Oft erschrecken sie mich, wenn sie dicht vor mir aus dem Gebüsch auffliegen.

Das Wetter ist immer noch trocken und so kann ich für die Nacht auf das Zelt verzichten. Ich spanne den Poncho zwischen zwei Birken.

Nachtlager in einem Birkenwäldchen

Davor entfache ich ein kleines Feuer, das an dem kühlen Abend für Wärme sorgt. In der Nacht wird es stürmisch. Es rüttelt an meinem Poncho und ich bin mir nicht sicher, ob er diese Gewalten verkraftet. Am Morgen ist der Sturm immer noch nicht abgeflaut. Ich mache mich über einen steilen Aufstieg in Regionen oberhalb der Baumgrenze.

Oben bewege ich mich in Schräglage vorwärts, Pudelmütze und Handschuhe halten die Kälte nur wenig ab. Böen wühlen einen See auf, das Wasser wird über den Fjell getragen und macht mich naß. Doch schnell geht es wieder abwärts in das windgeschütztere Tal des Velfjordskarelva. Wieder spüre ich sehr unangenehm meine Knie.

Als ich durch den Måsskarleva wate, sehe ich am Hang etwas, das wie aneinander gestellte Birkenstämme aussieht. Auch durch das Glas ist nichts Genaueres zu sehen. Erst als mich die Neugierde dorthin treibt, erkenne ich eine Kote. Das Gerüst bilden zwei auf Abstand gehaltene Halbkreise, deren Enden auf den Boden gestellt sind. Dagegen sind dicht an dicht Birkenstämme gelehnt. Birkenrinde schuppenartig auf diese Stämme gelegt und mit weiteren Birkenstämmen und Grassoden vor dem Wegfliegen bewahrt, machen sie wasserdicht. Oben dient eine

Öffnung als Rauchabzug, gegenüber der Tür am Boden sorgt eine weitere kleine Öffnung für eine gute Belüftung und dient den Mäusen als Ein- und Ausgang. In der Mitte des Bodens liegen flache Steinplatten zur Feuerunterlage, der Rest ist mit Birkenreisig ausgelegt – das erspart die Isomatte.

Sicher haben Jäger oder Samen diese Kote als Unterschlupf hierhin gestellt.

Von der Kote gehe ich am nächsten Morgen überwiegend abwärts. Die Bäume stehen immer dichter und bald laufe ich durch Wald. Von fern kündigen Motorsägen die Zivilisation an, die sich wenig später in ihrer ganzen Widerwärtigkeit aufdrängt. Lastwagen liefern Material für eine neue Straße, die eine Raupe durch den Wald bricht. Etwas weiter ist eine Holzarbeiterkolonne dabei, ihm mit Kahlschlag auf den Pelz zu rücken. Die abenteuerlichsten Maschinen kurven durch den Wald und transportieren die Stämme an die Straße. Ich lege einen Schritt zu, um diesem Barbarentum nicht länger zuschauen zu müssen.

In den folgenden zehn Tagen laufe ich im wesentlichen über kleinere Straßen und Wege immer parallel zur E6.

In Mosjøen besorge ich mir neue Schuhe, die ich unter Blasen im Drevjedalen einlaufe. Das Wetter ist die ganze Zeit hervorragend. Nur ganz selten zeigen sich Wolken am Himmel, die tiefstehende Sonne kontrastiert die bunten Hänge an den Fjorden und Bergen. Die Nachtfröste sorgen für eine rauhreifbedeckte Landschaft am Morgen. Öfters bekomme ich interessantes Licht vor die Linse.

Die Bauern treiben ihre Schafe zusammen, die sich den Sommer über in den Wäldern und Fjells aufhielten. Die Lämmer sind nur noch schwer von den Muttertieren zu unterscheiden.

Jetzt kann ich zum ersten Mal das Nordlicht beobachten. Unter meinem Poncho-Unterstand habe ich es mir in meinem Schlafsack bequem gemacht. Der Kopf liegt auf dem Rucksack und ich sehe fern. Es ist wie leuchtender Nebel, der mal etwas länger, mal nur für Sekunden die verschiedensten Formen bildet. Schleierartig und wellenförmig zieht es dort oben vorbei. Manchmal gleicht es einer sich leicht im Wind bewegenden Gardine, dann wieder, als ob jemand mit einem starken Scheinwerfer den Himmel absucht. Recht plötzlich verschwindet dieser Spuk. Nur die Sterne leuchten noch herab.

In den folgenden Wochen taucht dieses Licht immer wieder auf. Meist ist es nur sehr schwach am Himmel, vielleicht nur ein Lichtstrahl.

In Bodø ist es so stark, so dynamisch und abwechslungsreich, wie ein

Feuerwerk. Auch hat es nicht nur die sonst vorherrschende grünliche Farbe, sondern diesmal verfärbten sich die Ränder rot. Die Formen sind sehr scharf und deutlich zu erkennen. Rasch wechseln die einzelnen Gebilde ihre Formen, explosionsartig stiebt es dort über meinem Kopf auseinander und bildet an beiden Seiten die wehenden ›Gardinen‹. Ich scheine direkt unter dem Zentrum zu stehen.

In diesen Herbsttagen wird langsam aber sicher eine Veränderung an mir deutlicher. Während in den ersten Monaten eher das Gefühl eines Touristen bei mir vorherrscht, so erwische ich mich nun öfters bei Ansichten, die eher einem Landstreicher zuzuordnen sind. Vor allem, wenn ich durch besiedelte Gebiete laufe, wird mir mein besonderes Sein deutlich. Der dreckige Anorak, die abgewetzte Hose, der zottelige Bart ziehen viele Blicke an. Kinder an der Hand ihrer Mutter sehen mich an, als käme ich von einem anderen Planeten. Einmal verliert ein Junge auf seinem Fahrrad das Gleichgewicht, woraus ihn meine Erscheinung wirft. Einige Mutige sprechen mich an und fragen, was ich denn in dieser Jahreszeit hier treibe.

Gerade in etwas abgelegenen Gebieten, durch die anscheinend nie Wanderer streifen, komme ich mir oft vor wie der erste Schwarze in Europa um 1500. Ich werde begafft, nicht beschaut. Nicht, daß ich eine Unfreundlichkeit zu hören bekomme, aber auf der Terrasse eines abgelegenen Wochenendhäuschens übernachtend, findet es der Elchjäger doch zumindest seltsam, daß ich hier bei nur −4°C übernachte. Das macht ja kein normaler Mensch! Ziemlich irritiert werde ich von zwei Polizisten, die mich bei Bodø in einer alten tür- und fensterlosen Bude besuchen. Sie seien von jemandem benachrichtigt worden, daß hier ein Ausländer wohne! Jetzt sind ja keine Touristen mehr unterwegs und es ist eben unnormal, bei solcher Kälte hier zu übernachten. Normalerweise nehmen Touristen sich ein Hotelzimmer oder gehen in die Jugendherberge, finden sie. Nun kann ich den beiden natürlich nicht anvertrauen, daß ich schon länger unterwegs bin. Das verstößt gegen die dreimonatige Aufenthaltserlaubnis des Touristen. So greife ich zur Ausrede, ich sei ein Student mit knapper Kasse und an der Botanik hier interessiert. Scheinbar überzeugt sie das nicht gänzlich, denn sie nehmen meine Personalien mit.

ÜBER DEN POLARKREIS

Inzwischen bin ich in Mo i Rana aufgebrochen, des Laufens auf den endlosen Straßen überdrüssig, auch des Benzingestanks und des Krachs. Ich sehne mich in die einsamen Berge zurück.

Mein nächstes großes Ziel ist Bodø. Um das zu erreichen, habe ich mir einen vielversprechenden Weg zunächst in nordnordöstlicher Richtung ausgesucht. Der Wanderweg soll an dem großen Gletschergebiet des Svart Isen, durch die Gemeinde Beiarn, mit einem östlichen Schlenker über den Skjevlfjell, den Nedalsheia zum Dörfchen Breivik am Skjerstadfjord führen. Bei Skjerstad soll eine Fähre auf die andere Seite kurz vor Bodø übersetzen.

Auch wenn das Wetter unangenehm feucht und kalt ist, bin ich doch sehr froh, als mich die Markierung des Wanderwegs in den Wald lockt. Endlich umfängt mich die Ruhe und Gelassenheit der Natur. Hier stört nichts!

Mächtig ausladende Fichten, überall grüne Moose, plätschernde Bäche und kleine Sumpfflächen – eine wohltuende Umgebung. Unten tobt das Wasser des Blakkåga zu Tal, der schmale Wanderweg führt an dessen Hängen aufwärts. Bevor es über die Baumgrenze geht, entdecke ich einen wuchtigen Felsen, dessen Vorsprung eine wind- und regengeschützte Nische bildet. Eine wunderbare Übernachtungsmöglichkeit! Grüne Fichtenzweige geben eine gute Polsterung für den Boden, einige tote sorgen vor diesem Lager für ein angenehmes Feuer. Ich fühle mich pudelwohl, die Gemütlichkeit ist perfekt.

Die Birken und alle anderen Laubbäume haben ihre letzten Blätter verloren, die Farne liegen tot und gelb in den Senken der Bachläufe, die Farben der Sumpfgräser und des niedrigen Fjellbewuchses ändern sich nicht mehr. Nur Elstern und andere Rabenvögel bevölkern noch die Luft. Alles wartet auf den Winter.

Ab und zu nieselt es, die Sicht ist miserabel. Nur schemenhaft kann ich an den Bergen auf der anderen Talseite die herabstürzenden Schmelzwasser vom Svart Isen als weiße, senkrechte Striche ausmachen. Das Wasser im Blakkåga fließt ruhiger dahin und verwandelt langsam seine Farbe in Türkis, die Farbe der Gletscher.

Erst am Abend, als ich im Zelt auf der Karte noch einmal meine zurückgelegte Strecke auf der Karte verfolge, fällt mir auf, daß ich den Polarkreis überschritten habe. Naja, er ist ja nichts Besonderes, sondern mehr oder weniger willkürlich gezogen. Doch wenn ich mir überlege, daß in Sibirien oder Nordkanada auf diesem Breitengrad schon die Gebiete des Permafrostes begonnen haben oder in Grönland auf dem Polarkreis selbst im Sommer Temperaturen von −30° C nicht selten sind, so bin ich doch über dieses geradezu milde Klima recht froh. Die Auswirkungen des warmen Golfstromes, der für dieses gemäßigte Klima verantwortlich ist, sind einfach enorm.

Das Wetter ist weiterhin trüb und der Schönheit der Landschaft bei weitem nicht angemessen. Durch den Dunst kann ich nur undeutlich die riesigen Gletscherzungen, die sich vom Svart Isen zwischen dem Bjellåtinden und dem Ismellom-Fjell zu Tal wälzen, erkennen. Eine etwas morbide Hängebrücke geleitet mich über den Blakkåga. Unter mir tobt das türkisgrüne Wasser, dessen weiße Gischt hoch in die Luft wirbelt.

Der Wanderweg verliert sich, er wird offensichtlich selten benutzt. So stoße ich etwas abseits der vorgesehenen Strecke auf eine kleine Hütte der Elektrizitätswerke am Bogvatn. Sie gehört zu einer kleinen Meßstation, die den Wasserstand des Sees aufzeichnet. Der Schlüssel zur Hütte hängt in einem Kästchen unter dem Dach und so komme ich zu einer komfortablen Übernachtung.

Wie ich später erfahre, soll dieses Gebiet wasserwirtschaftlich genutzt werden. So ist zum Beispiel geplant, den Stormdalsåga aufzustauen.

Das hätte die Vernichtung einer einzigartigen Flora in diesem Tal zur Folge. Dagegen macht sich Widerstand breit. Verschiedene Naturschützer und Wanderklubs sähen es am liebsten, wenn das ganze Gebiet westlich der E6 zum Nationalpark erklärt würde. Sie organisieren Wanderungen durch dieses Gebiet und halten Vorträge über die Besonderheiten dieser Landschaft. Etwas uneinsichtig werden die Argumente der Regierung, die auch weiterhin beharrlich an ihren Plänen festhält, wenn man bedenkt, daß Norwegen schon jetzt der größte Stromexporteur Skandinaviens ist.

Auf der Suche nach Wegmarkierungen gerate ich in eine sonderbare Moränenlandschaft. Der Gletscher hat sich im Laufe von vielen Jahren zurückgezogen und eine Mondlandschaft hinterlassen. Steinwälle ziehen sich durch ein einziges Meer aus Felsen. Keine Pflanzen, keine Moose, kein Gras – nichts als diese Steine. Nur im Hintergrund hebt sich der bläuliche Gletscher ab. Sein Schmelzwasser stürzt sich durch einen steinübersäten Cañon hinab. Hier muß ich durch, eine andere Möglichkeit ins Tal zu gelangen, kann ich nicht sehen. Die losen Steine setzen sich unter meinen Füßen in Bewegung. Manchmal geben sie nur wenig nach, wenig später rollen einige polternd nach unten. Ich habe ein recht unangenehmes Gefühl in dieser steilen und endlosen Schlucht. Unsicherheit ergreift mich. Ich fühle mich allein in dieser ständig unter mir nachgebenden Geröllwüste, in der ich vielleicht nur in knallroter Kleidung und mit einem Fernglas vom oberen Rand der Schlucht zu entdekken bin. Während ich mich rutschend, tastend und kletternd an dem Hang fortbewege, beschwörenden Blickes die Geröllmassen über mir anflehe, schießt es mir durch den Kopf: ›Was geschieht, wenn dich hier eine Geröllawine erfaßt oder du einfach abrutschst und dir ein Bein brichst? Zwei Tage sind es bis zur nächsten Siedlung, wieviel sind es auf allen vieren? Hier jedenfalls kommt bestimmt in diesem Herbst keiner mehr lang. Und wenn, würde er dich sehen?‹

Gedanken, die die Angst potenzieren und in Panik enden können.

Wie viele Menschen haben sich in dieser Weite selbst in Gefahr gebracht? Wieviele sind in Erwartung des Unglücks zu unsicher geworden, abgerutscht, haben Lawinen ausgelöst und sind umgekommen?

Ich konzentriere mich auf die Steine, auf denen meine Füße sicher auftreten und lenke bewußt meine Gedanken in eine andere Richtung. Ich freue mich über diese monumentale Landschaft und gelange so Meter um Meter tiefer und abwärts. Nach Stunden erreiche ich die ersten verkrüppelten Birken, zwischen den Steinen wachsen wieder Gräser, es läßt sich besser gehen. Bald darauf stoße ich plötzlich auf die frischen, roten Punkte einer Wegmarkierung an Steinen und Birken. Der Weg geht also weiter östlich über eine Anhöhe hinweg und nicht durch den Cañon!

Schnell wandelt sich das Bild einer äußerst kargen Landschaft. Der Birkenwald wird dicht und hoch und bald tauchen zwei uralte Blockhütten in dem Wald auf. Mit ihren bewachsenen Dächern und den von Wind und Wetter ausgeblichenen Fichtenstämmen der Wände machen sie den Eindruck, immer hier gestanden zu haben. Langsam wird der Pfad breiter und viele Schafsspuren und -kot sagen mir, daß die nächste Siedlung nicht mehr weit sein kann. Über eine Hängebrücke ereiche ich

die ersten Häuser. Verlassen und trostlos stehen die Ställe und ein Wohnhaus in der Landschaft. Scheinbar werden die Gebäude nur im Sommer bewohnt, wenn die Schafe in den umliegenden Bergen unterwegs sind.

Am nächsten Morgen komme ich mit einem Elchjäger ins Gespräch. Eine wuchtige Erscheinung, dieser Bauer – der dick in Pullover und einem Parker eingepackt ist, als gelte es, den Nordpol zu erobern. Heute sei der letzte Tag der Elchjagd und er hofft, endlich mehr Glück zu haben, als in den vergangenen Tagen. Die Jagd geht hier recht undramatisch zu. Zu zweit oder dritt patroullieren die Jäger im Auto auf der kilometerlangen Sackgasse. Die Thermosflaschen und Gewehre liegen auf dem Rücksitz. Der Beifahrer sucht mit einem Fernglas die Hänge ab.

Aber ich höre den ganzen Tag keinen Schuß. Der Elch hat für diese Saison sicher noch einmal Glück gehabt. Maximal vierzehn Tage im Oktober ist die Jagd auf einen oder mehrere bestimmte Elche in einem Gebiet erlaubt. Im September sind in jedem Ort Schießprüfungen, die Zeitungen sind voll mit Werbung für Gewehre, Jagdstiefel und wetterfester Kleidung. Sogar Kühltruhen machen jetzt auf ihre Notwendigkeit aufmerksam, indem zeichnerisch in ihnen ein ganzer Elch verschwindet. Nur noch der Kopf mit zwei riesigen Schaufeln guckt heraus.

Auf meinem zweitägigen Weg nach Osbakk begegne ich öfters älteren Männern auf ihren Mopeds, Rucksack und Schrotflinte auf dem Rükken. Es geht in die Berge auf die Jagd nach Schnee- und Rebhühnern.

Mit Proviant für sechs Tage im Rucksack setze ich mich wieder in die Berge ab. Sie sind hier nicht mehr schroff, sondern eher hügelig. Die baumlosen Kuppen bedeckt der Neuschnee. Das Stabbursdal mit seinem dichten Fichten- und Kiefernwald führt mich langsam aufwärts. Ein leichter Schneeregen setzt ein, es geht in nordöstlicherr Richtung immer höher. Die Wolken sind dicht, tief und dunkelblau. Auf einem Kamm angelangt, reißt die Wolkendecke auf und gibt den Blick auf eine große baumlose, mit Seen besprenkelte Hochebene frei. Ein seltenes Panorama! Hier gehe ich wieder abwärts zum Store Gåsvatn, dessen Nordseite mit einer Unmenge häßlich, moderner Wochenendhäuser übersät ist. Es dämmert schon wieder, die Sonne ist keine acht Stunden mehr am Himmel. So muß ich mir hier etwas zum Übernachten suchen. Es ist mal wieder eine Veranda, die herhalten muß. Der Wind ist kalt und nimmt zu. Im Windschatten eines Hauses mache ich ein Feuer, egal, wo ich mich hinsetze, der Rauch kommt immer zu mir. Mit tränenden Augen können meine Nudeln mit der Tütensuppe nicht früh genug fertig werden. Der Mond steht groß und gelb auf, verschwindet immer wieder hinter den Wolken, wirft aber ein fahles Licht auf die Landschaft.

Kaum liege ich im Schlafsack und döse, setzt Regen ein. Der heulende Wind treibt ihn unter die Veranda zu mir hin. Ziemlich mißmutig decke ich den Poncho über mich und lasse das Wetter Wetter sein.

Die nächsten Tage führen mich in nördlicher Richtung über nicht sehr hohe Berge, meist diesseits der Baumgrenze nach Breivik. Jetzt bricht der Winter herein – es fängt an zu schneien. Die Sümpfe, aber auch die kleinen Seen sind zugefroren – ein ganz neues Gefühl des Wanderns. Die Landschaft macht teilweise einen recht melancholischen Eindruck auf mich, nicht im negativen Sinne. Vielleicht ist es das von einer dünnen Schneedecke verhüllte Laub, die nackten Birken, die mir sagen, daß etwas zu Ende ist. Aber schließlich fängt ja auch etwas Neues an!

Hinter Kvannås, einem verlassenen Bauernhof, komme ich wieder auf einen Weg. Ein Adler zieht seine Kreise über dem Tal, das sich bis zum Fjord erstreckt. Ein Elch verschwindet, von mir aufgeschreckt, im Wald. Kurz vor Breivik, fast schon auf Meereshöhe, verschwindet der Schnee. Es wird wärmer. Am Sonntag stehe ich an der Fähre in Skjerstad. In zehn Minuten soll sie losfahren, sagt ein etwas heruntergekommener Fahrplan. Aber sie bleibt da, kein Mensch weit und breit. Merkwürdig!

Endlich kommen zwei Männer die Straße entlang. »Ja, die Fähre geht um 12.30 Uhr.« Als ich ihnen sage, wir hätten aber schon 1.00 Uhr, gucken sie auf ihre Uhren und schütteln den Kopf. Sie meinen, es sei jetzt 12.00 Uhr. Endlich geht mir ein Licht auf. In den letzten Wochen muß die Uhr um eine Stunde zurückgestellt worden sein. Als das geklärt ist, sagt man mir, daß die Fähre nicht nach Vågan fährt, sondern nur bis Ljønes, also nicht über den Skjerstadfjord. Erst im letzten Jahr sei die Straße westlich über die Berge fertig geworden und die Fähre Richtung Bodø ist überflüssig geworden. So ein Mist!

Jetzt muß ich drei Tage über diese dämliche Straße laufen um nach Bodø zu kommen! Es sind drei quälende Tage über recht häufig befahrene Straßen, die sich endlos durch die Berge und an den Fjorden entlangziehen.

Ziemlich genervt finde ich etwas abseits, aber noch zwölf Kilometer vor Bodø eine Hütte, die weder Tür noch Fenster hat. Doch sie ist trocken. Der Ofen hat seine beste Zeit schon lange hinter sich, die

Kochringe fehlen und das Ofenrohr hat ein großes Loch. Zum Glück finde ich fast zwei Kilometer entfernt in einem verfallenen Häuschen mehrere Kochringe, und ein Stück Blech verschließt das Loch im Ofenrohr. Wenn ich mich nun nahe genug an den Ofen setze, ist es auch recht warm, zumindest im Gegensatz zu den anderen Bereichen der Hütte, in denen die Temperatur schon mal auf −10°C fällt.

Hier bleibe ich eine Woche lang und trampe jeden zweiten Tag nach Bodø. Dort gebe ich eine Annonce in der Zeitung auf, in der ich einen Hund suche. Den brauche ich dringend, denn mein Rucksack ist wieder schwerer geworden. Eine Faserpelzunterhose und -Jacke, eine warme Mütze (Balaklava) und bessere Handschuhe sind hinzugekommen. Ein kräftiger Hund könnte mir jetzt einige Kilo abnehmen und im Winter kann er mir einen Schlitten ziehen.

Aber aus der Anzeige wird nichts. Kein brauchbarer Hund wird angeboten.

Dafür leiste ich mir ein überaus wohltuendes Duschbad in der Schwimmhalle. Ich hatte das Gefühl für Sauberkeit schon so ziemlich verloren.

Das Wetter zeigt sich oft von der besten Seite. Klarer Himmel, an dem sich fast jede Nacht das Nordlicht zeigt. Aber es ist bitterkalt. Jeden Morgen muß ich die Eisdecke auf dem Fluß, der an der Hütte vorbeifließt, mit einem Stein bearbeiten, um an das Wasser heranzukommen.

STURZ AUF EIS

Die nächste Etappe verläuft von Bodø in ostnordöstlicher Richtung nach Røsvik am Fjord Sørfolda. In meiner Karte ist dorthin ein Wanderweg eingezeichnet, die topographische Karte mit dem Maßstab 1:50000 erwähnt nichts davon. Sie soll recht behalten. Nur am ersten und am letzten Tag kann ich einen Pfad benutzen.

Bei bestem Wetter breche ich auf. Eine Schneedecke verhüllt die Gräser und Sümpfe, der Boden ist hart gefroren. Die Schlammschlachten gehören endgültig der Vergangenheit an. Eine leichte Steigung führt mich an die Baumgrenze. Ich habe eine fantastische Aussicht auf eine leicht hügelige Landschaft. Seen, Sümpfe und einige Kiefern wechseln sich ab. Dahinter erheben sich mächtige, verschneite Berge. Schon um

15.00 Uhr verschwindet die Sonne und es wird Zeit, sich nach einem geeigneten Platz für das Zelt umzusehen. An einem See mache ich es mir für die Nacht gemütlich. Das Thermometer fällt auf −8° C. Ich habe Schwierigkeiten, mich am Feuer zu wärmen. Schon früh zeichnen sich die ersten Sterne am dunkelblauen Himmel ab, die Nacht bricht herein. Die Eisdecke auf dem See weitet sich sichtbar aus. Nach einem kunstvollen System wachsen nach und nach grazile Eisblumen mit verschiedenen Mustern über dem offenen Wasser. Blume für Blume breitet es sich aus. Mal hier schneller, mal dort. Am Morgen ist der gesamte See mit Eis bedeckt.
Der Aufstieg in die Berge wird zu einem Kampf gegen den Wind. Er wird so gewaltig, daß ich mir eine winddichte Hütte mit einem guten Ofen darin wünsche.

Besonders wuchtig werden die Böen, als ich die ersten Anhöhen erreiche. Ich drücke mich gegen diese Wucht, jeder Schritt wird zur Anstrengung. Nicht selten verschanze ich mich zu einer Verschnaufpause hinter einem Felsblock oder gehe in die Hocke und lasse den Wind von hinten gegen den Rucksack drücken. Manchmal bleibt mir nichts anderes übrig, als mich einfach hinzulegen, um einer besonders kräftigen Böe aus dem Wege zu gehen. Gerade auf den Blockfeldern, die es hier oben zur Genüge gibt, und auf vereistem Fels, ist der Sturm besonders lästig. Erst als ich von solchen Satteln Abstand gewinne, läßt die Kraft der Böen nach.

Die Sonne scheint, aber nicht für mich. Sie steht schon so tief, daß die hohen Berge ihr den Weg zu mir versperren. Doch ich komme in den Genuß schöner Aussichten auf die Fjorde mit den weißen und schroffen Bergen, die sich zu allen Seiten auftürmen. Von den Felswänden hängen dicke Eiszapfen, einige Vorsprünge gleichen einer Tropfsteinhöhle. So schön es auch aussieht, so unangenehm wird dieses Eis bei einem Abstieg entlang eines Wasserfalls. Da muß jeder Tritt sitzen und wehe dem, der seinen Fuß auf vereisten Fels setzt!

Die überaus schroffe Landschaft, der Sturm und das Eis faszinieren mich zwar, aber ich komme nicht so vorwärts, wie geplant. Schon setzt die Dämmerung ein und mir bleibt nichts anderes übrig, als dort ein windgeschütztes und ebenes Plätzchen zu suchen, wo ich gerade bin. Es ist an einem Hang und das Zelt steht nicht gerade eben; von einem Windschutz kann auch nicht die Rede sein. Die Aussicht entschädigt mich tausendfach. Durch den Ausgang des Fjords erkenne ich am Horizont die Südspitze der Lofoteninseln. Dahinter färbt die schon lange untergegangene Sonne einen Streifen des Himmels dunkelrot.

Die Nacht verbringe ich in einem unruhigen Schlaf. Der Wind fegt über den Hang, rüttelt und zerrt am Zelt, dessen Stangen sich beängstigend biegen. Doch das Zelt besteht seine ›Feuerprobe‹ ausgezeichnet.

Am folgenden Morgen sitze ich lange im Zelteingang und betrachte fasziniert die Landschaft. Ihre Schönheit ist selten. Die sich steil in die Höhe schraubenden Berge, die wie mit Puderzucker bestreut sind, haben es mir angetan.

Der Sturm läßt nicht nach. Im Gegenteil. Besonders in der ersten Tageshälfte komme ich mehr und mehr zur Ansicht, er will mich nicht auf den Berg lassen. Zweimal drückt er mich regelrecht zu Boden.

Ich laufe ständig bergauf und -ab, über viele Blockfelder hinweg und an halb vereisten Seen vorbei. Was ich im Sommer kaum als feuchten Fels registriert habe, ist jetzt oft ein enormes Hindernis. Viele Hänge sind vereist. Das Wasser ist noch vor kurzem aus den Grassoden und den Moosen über den Fels gelaufen und ist jetzt am Stein gefroren. Nach und nach ist diese Eisschicht immer dicker geworden, bis das Wasser auch in den Soden und Moosen selbst gefror. Und jetzt ziehen sich diese spiegelglatten Eisflächen nach unten und versperren den Weg. Eine Passage kann ich deswegen nicht nehmen. Der Steilhang läßt nur einen Absatz in Schuhbreite für mich übrig. Mit dem Gesicht zur Wand, die Hände in Felsnischen gekrallt, taste ich mich Meter für Meter vor. Dreißig Meter senkrecht, unter mir der See. Schließlich geht es nicht mehr weiter. Die Eisflächen auf dem Absatz werden breiter – ohne Steigeisen ist das Risiko unkalkulierbar. So kehre ich um und bin froh, wieder sicheren Boden unter den Füßen zu haben. Weiter oben am Hang ist es sicherer. Doch auf der anderen Seite des Berges zum Bugvatn hin, ist der Hang zwar nicht ganz so steil, aber desto vereister. Da bleibt mir nichts anderes übrig, als mich abzuseilen.

Zuerst lasse ich den Rucksack ab, dann seile ich mich selbst auf die nächste Stufe. Ohne Steigeisen ist auch das ein Kampf. Immer wieder rutsche ich ab und hänge platt am Hang. Ziemlich erschöpft, aber glücklich, erreiche ich schließlich weniger vereisten und ebenen Boden.

Fix und fertig finde ich in der Dämmerung einen idyllischen Zeltplatz mitten in einem Kiefernwald am Heggmovatn. Bei nur leichtem Ostwind kann ich mir ein wärmendes Feuer erlauben. Doch ich bin für einen langen Lagerfeuerabend zu müde. Jeden Muskel und Knochen spüre ich. Ohne mich um das Tagebuch zu kümmern, sinke ich in den Schlafsack. Kaum habe ich den Zelteingang zugezogen, bricht der Sturm von draußen von neuem los. Obwohl das Zelt erheblich tiefer und windgeschützter als gestern steht, zerrt der Sturm genauso kräftig an ihm. Trotzdem schlafe ich wie ein Toter.

Nach einem guten Bannokfrühstück geht es wieder bergauf. Oben tobt dann wieder der Sturm mit brachialer Gewalt – wie gehabt. Doch die Tour heute ist weit weniger anstrengend. Es geht nur über einen Sattel und dann ständig bergab.

Am Drogvatn laufe ich auf einem Pfad weiter, der sich an dem Hang zum See abwärts schlängelt. Alle Flüsse und Bäche, die hier vom Berg zum See hin führen, sind vereist. Die meisten kann ich leicht überqueren. Oft genügt ein Sprung über sie oder es lugt ein unvereister Stein aus dem Eis, der als sicherer Tritt dient. Im Sommer würde man diese Wasserläufe sicherlich kaum registrieren, alle sind dann unter der Kategorie ›nicht erwähnenswert‹ einzuordnen.

Daß diese Zeiten nun längst vorbei sind, wird mir spätestens an einem vielleicht zwei Meter breiten Eiswulst klar. Etwas ratlos stehe ich davor, aber schließlich entdecke ich auch in diesem einen herausragenden Stein. Mit einer Hand halte ich mich an einer Birkenwurzel fest, einen Fuß versuche ich vorsichtig auf den Stein zu setzen – aber in diesem Augenblick reißt die Wurzel aus der gefrorenen Erde, der Fuß gleitet vom Stein. Ehe ich weiß, wie mir geschieht, schliddere ich in rasender Fahrt abwärts. Meine Gedanken sind die: ›Scheiße, jetzt ist es aus – nur nicht mit dem Kopf an einen Stein knallen und dann bewußtlos in dem See ertrinken!‹ Panisch ergreife ich einen Birkenstamm, rutsche ab, ehe ich ihn fest umklammern kann. Die Fahrt verlangsamt sich nur wenig. Endlich kralle ich mich verzweifelt an einem über dem Eis hängenden Birkenzweig – ein kräftiger Schmerz fährt mir in die Schulter. Aber der Sturz ist gestoppt. Ich hänge dort und weiß nicht, ob ich weinen oder lachen soll. Wie lange ich hänge, weiß ich nicht, selten bin ich glücklicher. Dann hangel ich mich an das rettende Ufer, die Knie schlottern. Mein Gehirn ist leergefegt – gedankenlos – der Schock sitzt tief.

Endlich kann ich mich aufrappeln, das Herz schlägt wieder langsamer. Mir ist nichts Ernsthaftes passiert. Außer der elend schmerzenden Hüfte und der rechten Schulter sowie diversen blauen Flecken habe ich den Sturz gut überstanden. Der Rucksack hinten und die Kameratasche vor dem Bauch haben mich gut abgepolstert. Doch beim Öffnen der Kameratasche fährt mir ein jäher Schreck durch die Glieder. Das Objektiv gleicht eher einer Banane als einem hochpräzisen optischen Instrument. Der Sturz ist ihm nicht bekommen. Die Kamera scheint in Ordnung zu sein, aber wie soll man ohne Objektiv den Verschluß oder den Belichtungsmesser überprüfen? Dieses Problem und vor allem die Frage, wie ich schnellstmöglich an Ersatz herankomme, beschäftigt mich auch am nächsten Tag, der mich durch verschneite Birkenwälder nach Røsvik führt.

Der Retter in der Not ist mal wieder Rainer, dem ich per Telefon von dem Mißgeschick berichte und der gleich am nächsten Tag ein neues Objektiv per Luftpost abschickt. Ich habe mich schweren Herzens für einen größeren Brennweitenumfang (35–200 mm) entschieden. Auch dieses Objektiv ist ein teurer und etwas fauler Kompromiß. Doch was will man machen, wenn die Frage des Gewichts derartig im Vordergrund steht. Hätte ich mehrere Objektive mit geringerem Brennweitenumfang mitgenommen, würde sich rasch das Gewicht der Fotoausrüstung verdoppelt haben. Zumindest ein Weitwinkel von 28 mm habe ich dennoch oft vermißt.

Von Røsvik bringt mich eine Fähre in das malerische, allerdings verregnete, Fischerdorf Nordfold. Der Temperaturunterschied der letzten Tage in den Bergen zu dem Klima am Fjord ist frappierend. Der warme Golfstrom bewahrt die Küste vor strengen Frösten.

Ich lasse mir Zeit. Früher als in fünf Tagen wird das Objektiv von Rainer nicht in Svolvær auf den Lofoten sein.

An der Straße Nr. 81 stehen kleine Bauern- und Fischersiedlungen in der fast baumlosen Landschaft. Im Gegensatz zum Landesinneren sind hier die Bauern noch fleißig. Kleine Schafherden grasen auf der gelben Grasnarbe, Traktoren mit Gülleanhängern fahren die Heuwiesen ab. Hier entdecke ich öfters verlassene Höfe und Häuser; je weiter es nach Norden geht, um so mehr macht sich die Landflucht bemerkbar.

Von Bogøy bringt mich eine weitere Fähre nach Skutvik und von dort eine andere nach Svolvær. Die Fahrt auf die Lofoten findet in den Wolken statt. Ab und zu fegt ein Hagelschauer über das Deck, die Antenne der Radaranlage dreht hastig ihre Runden. Nachdem die Fähre von dem schnuckeligen Hafen der Insel Skrova abgelegt hat, reißt die Wolkendecke plötzlich auf und gibt einen einmaligen Blick auf die Lofoten frei. Ich schwanke zwischen Faszination und dem Ärger, das nicht fotografieren zu können. Hohe und steile Berge erheben sich aus dem schwarzen Meer, auf halber Höhe ziehen dunkle Wolkenbänder daher. Der Himmel hinter den weißen Bergen ist dunkelblau. Die tiefstehende Sonne sorgt durch ein Loch in den Wolken für eine seltene Beleuchtung.

WINTERQUARTIER

In Svolvær ist der Winter angebrochen. Der Schnee bedeckt die Berge und die Stadt. Bis spät in den Abend hinein toben Kinder auf ihren Schlitten die Straßen hinab, freuen sich königlich über ihre Schneemänner oder liefern sich Schneeballschlachten.

Gleich hinter Svolvær mache ich es mir in einem halb verfallenen Sommerhäuschen, so gut es geht, bequem. Es ist zugig dort, aber der Wind treibt den Schnee nicht bis an meinen Schlafsack. In der Nacht klart es auf, der Frost klirrt. Zum Glück ist die Eisdecke auf dem See noch nicht so dick und ich komme gut an das Wasser heran. Drei Tage bleibe ich in Svolvær. Nach dem Frühstück besuche ich das Städtchen, bummel durch den sehr schönen Fischereihafen und verziehe mich nach einem Besuch des Postamtes für den Rest des Tages in die Cafeteria.

Endlich ist das neue Objektiv da. Einen belichteten Testfilm schicke ich noch am Abend an Rainer, in der Hoffnung, daß die Kamera okay ist.

Im Morgengrauen breche ich aus Svolvær auf. Ich habe mir eine knapp zweitägige Strecke in nördlicher Richtung über die Berge zur Westküste ausgesucht. Ein noch nicht ganz zugefrorener See lockt große Schwärme Möwen an. Auf ein mir unbekanntes Kommando begibt sich die ganze Meute zum Baden und Trinken ins Wasser, um dann mit großem Geschrei wieder in Richtung Hafen aufzubrechen.

Je höher ich komme, desto dicker wird die Schneedecke, von einem Wanderweg ist weit und breit nichts zu sehen. Es geht steil bergauf und als ich ungefähr auf einer Höhe von fünfhundert Metern bin, setzt auch schon die Dämmerung ein.

Mitten in den tiefverschneiten Bergen schlage ich das Zelt an einem vereisten See auf. Das Rot der untergehenden Sonne taucht den Schnee und die schroffen Berge in eine rötlich, goldene Farbe, und wäre es nicht so bitter kalt, eine Verwechslung mit der Wüste wäre möglich. Den Horizont bilden die Berge des Festlandes, in östlicher Richtung stehen in der rötlichen Lichtflut die Bergketten der Lofoten. Das neue Objektiv hat hier oben viel zu tun.

Am Morgen ist das Zelt von innen und außen mit Reif überzogen. Jedesmal, wenn ich an das Zelt komme, schneit es. Scheinbar fiel die Temperatur über Nacht unter $-10°C$.

Ein paar Stunden weiter erreiche ich die Straße an der Westküste. Am Meer selbst stehen keine Bäume, nur dicht hinter den windschützenden

Hügeln kauern ein paar krüppelige Birken.

In den nächsten Tagen laufe ich über die kaum befahrene Straße nach Fiskebøl, vorbei an kleinen Siedlungen, die hauptsächlich von der Schafzucht und dem Fischfang leben. Oft liegt zwischen steilen Bergen und dem Meer eine kahle, bis zu zwei Kilometern breite Ebene, die nur Schafzucht zuläßt. Trotzdem scheinen mir die Bauernhöfe nicht arm zu sein, wenn auch die Arbeit für den bescheidenen Wohlstand hart ist.

Das Wandern in den nächsten Wochen ist mühselig. Obwohl sich meine Knie überhaupt nicht melden, bekomme ich an den Füßen öfters Blasen – die Straßen belasten den gesamten Gehapparat mehr als die Natur.

Auf den Inseln hier muß ich die Straße wählen, denn ich hoffe auf eine verlassene Hütte, die sich mir als Winterquartier anbietet. In den Monaten Dezember/Januar, also während der Polarnacht, ist das Wandern mehr oder weniger nicht möglich.

Die Straßen ziehen sich endlos hin, das Bild wechselt kaum. In dieser Eintönigkeit dreht oft die Fantasie auf, Bedürfnisse und Wünsche beherrschen die Gedanken. So auf der Fähre von den Lofoten auf die Vesterålen. Es ist Sonntag, das Schiff ist mit sonntäglich schnieken Menschen bevölkert. Mit meinen Fingern spiele ich mit einer Fahrkarte, die hier herumlag, worauf der Kassierer von mir Abstand hält. Die Wärme in der Messe macht mich müde, mit geschlossenen Augen lausche ich dem Gemurmel der Fahrgäste und es dauert nicht lange, so meine ich, wären es alles nur Leute wie ich. Etwas ungepflegt und mit Rucksäcken dabei. In Fachgesprächen über die Erlebnisse und Eindrücke in den Landschaften Norwegens vertieft. Neuigkeiten werden ausgetauscht, Tips weitergegeben ...

Erst als zwei Kinder lärmend durch die Messe toben und ich die Augen öffne, bietet sich wieder das enttäuschende Bild eines Außenstehenden.

Ein paar Tage später am Eidsfjord: Es ist schon ziemlich dunkel, aber kein Schuppen bietet sich für die Übernachtung an. In der Hoffnung auf ein trockenes und überdachtes Plätzchen laufe ich weiter. Ab und zu leuchten die Lampen der Bauern- und Fischerhäuser die Richtung. Aus den Stuben leuchtet es warm und einladend. Mir kommt in den Sinn, wie es denn wäre, wenn aus einem dieser Häuser Musik einer Fete herausschallt. Wenn man mich einlädt und ich mitten im Kreis von gutgelaunten Menschen sitze. Vielleicht gibt es etwas Leckeres zu essen und sogar einen Grog! Das muß man sich auf der Zunge zergehen

Das Fischerdorf Myre

lassen: G-r-o-g! Vielleicht kann man sogar etwas zu rauchen bekommen – gute Gespräche – eine angenehme Atmosphäre...

Eine kleine dunkle Hütte am Straßenrand reißt mich aus den Träumen. Ich sehe wieder klar.

Die Tage vergehen wie im Fluge. Meist stehe ich noch in der Dunkelheit auf und in der Dämmerung bin ich bereits auf der Straße. Fünf Stunden ist es gerade noch hell und dann senkt sich die Nacht schon wieder herab. Ich laufe im Wettstreit mit der hereinbrechenden Polarnacht.

Ende November erreiche ich Myre, im nordwestlichen Teil der Vesterålen. Vor ein paar Tagen habe ich mir beim Rucksackaufsetzen das Kreuz verknackt und kann mich jetzt kaum noch bücken. Alle Knochen in den Beinen schmerzen, die Nähte in den Schuhen haben schon vor Tagen für dicke Blasen an den Füßen gesorgt, die nicht mehr heilen. Ich bin kaputt, fix und fertig. Mit neuen Lebensmitteln im Rucksack humpel ich in nördlicher Richtung weiter. Erst nach einigen hundert Metern haben sich die Gelenke und Muskeln eingelaufen, es geht besser. Nach dreizehn Kilometern – es dämmert schon – stehe ich in dem verlassenen

Ort Nyksund. Ich habe kein Auge für den Ort, ein Schlafplatz hat absoluten Vorrang.

Aber ganz alleine bin ich hier nicht, denn auf der Dorfstraße begegne ich Torstein. »Ich lebe seit zwei Jahren mit meiner Frau da oben« und zeigt auf den Hang, wo auch der kleine Kirchturm über die Dächer lugt. Bei ihnen bekomme ich einen Topf voll Trinkwasser. In einem alten Lagerhaus mache ich es mir, so gut es geht, für die Nacht bequem. Nichts ist schöner, als waagerecht im Schlafsack zu liegen, an nichts mehr zu denken als den Schlaf.

Spät am Morgen weckt mich der Hunger. Die Folterinstrumente von Stiefeln lasse ich links liegen und nehme mit Turnschuhen vorlieb, denn gestern sind die Blutblasen am linken Fuß aufgegangen.

Bei einem Rundgang durch das Dorf wird mir klar, daß ich hierbleiben muß. Nirgendwo werde ich besseres Quartier für die Zeit der Dunkelheit finden.

Der Ort erinnert an längst vergangene Zeiten. Um das U-förmige Hafenbecken stehen alte Speicher, Lagerhäuser und Kontore. Die meisten Gebäude sind aus Holz, die rote Farbe abgeblättert. Die zweigeschossigen Kaie erlaubten die Be- oder Entladung der Schiffe zu allen Gezeiten. Hier und da sind Stützpfeiler angefault, senkt sich der ganze Kai ins Wasser. Vom Hafen aus winden sich kleine Gassen oder Treppen hoch zu den Wohnhäusern, an denen der Zahn der Zeit nagt. Nur wenige sind noch in einem guten Zustand und werden allenfalls im Sommer von den ehemaligen Bewohnern aufgesucht.

Nyksund war bis vor fünfzig Jahren der größte Ort der Kommune. Der warme Golfstrom sorgt für ein mildes Klima (Januar ∅ −3° C), er fließt direkt an der Haustür vorbei. Hier liegen auch die großen Fischgründe, die Ernährungsquelle der Bevölkerung. Mehrmals am Tag verband eine Fähre Nyksund mit der Kommune, die nach dem Bau der Straße in den sechziger Jahren von dem dreimal täglich fahrenden Bus abgelöst wurde. Alte Schilder und die Berichte der einzigen zwei Bewohner lassen auf ein reges Leben noch vor nicht allzu langer Zeit schließen. Zwei Bäckereien, die Lebensmittelhandlung und ein kleines Postamt sind Zeugen der vergangenen Zeit. Heute fegt der Wind durch die zerbrochenen Scheiben, legt sich der Schnee über die alte Theke der Kolonialwarenhandlung. Fenster schlagen im Wind und die Scharniere der Türen quietschen jämmerlich durch den Ort. Warum haben die Bewohner diesen Ort verlassen, was war ihr Grund?

Mit dem Aufkommen der Motorboote war es nicht mehr notwendig,

Nyksund auf den Vesteraalen

Hier finde ich Unterkunft während der Polarnacht

dicht an den Fischgründen zu wohnen. Nun wurde es möglich, auch tief aus dem Fjord schnell das offene Meer zu erreichen. Des weiteren fielen die Erlöse aus dem Fischfang, viele Menschen kehrten diesem Erwerbszweig den Rücken. Oft ist von den ehemaligen Bewohnern Nyksunds zu hören, daß nach dem Kriege ein Generationswechsel in den Fischbetrieben stattgefunden hat. Die jungen Unternehmer seien mehr darauf aus gewesen, Geld auszugeben, als zu erwirtschaften. Heute jedenfalls wohnen viele der ehemaligen Bewohner in Myre, dort ist das Wetter wesentlich ruhiger, der Ort liegt tief im Fjord und die umliegenden Berge schützen es vor dem Unbill des Winters. 1976 verließ der Dorfschmied als letzter den Ort. Und dann kam, was kommen mußte. Der Vandalismus feierte Orgien der Zerstörung. Keine Fensterscheibe der Betriebsgebäude und der aufgegebenen Häuser blieb heil, Wind und Wetter taten ihr übriges.

Bei einem Besuch in Myre lerne ich einen ehemaligen Bewohner Nyksunds kennen. Er stellt mir für die Monate der Dunkelheit sein Haus unentgeltlich zur freien Verfügung. Ich bin unendlich froh und überrascht, denn diese uneigennützige Hilfsbereitschaft ist mir vorher so gut wie noch nie begegnet.

›Mein Haus‹, wie ich es in Zukunft nenne, ist klein und schnuckelig. Ich benutze nur das untere Geschoß, denn das läßt sich gut beheizen. Die Küche und eine kleine Stube ist mit einem Ofen einigermaßen warm, wenn draußen der Sturm nicht allzu kräftig um das Haus tobt. Wenn er aber sein Unwesen treibt, dann zieht es erbärmlich durch das Haus. Nur vorgewärmte Ziegelsteine halten bei solchem Wetter die Füße warm. Strom gibt es keinen, aber bei Kerzenlicht kann man auch lesen oder kochen. Das Wasser beziehe ich in Eimern von den Nachbarn.

Die ersten Wochen als Seßhafter fallen mir sehr schwer. Ich habe außer dem täglichen Holzsuchen und -sägen körperlich nichts mehr zu tun. Das ›Herumhängen‹ und mein immer noch schlechter körperlicher Zustand lassen in den ersten Tagen öfters die Frage aufkommen, ob ich überhaupt noch weiterlaufen will. Das gibt sich erst, als ich mich langsam erhole und die ganze Ausrüstung sauber und überholt vor mir liegt.

Am 25. November geht die Sonne für fast sieben Wochen unter, Langeweile kommt auf. Die zwei Bücher sind zum dritten Mal durchgelesen, ab und zu greife ich zur Feder und schreibe meine Erlebnisse der bisherigen Tour nieder. Ich spüre die Einsamkeit wie noch nie. Spaziergänge in der Dämmerung, ein Seehund im Hafenbecken und das wöchentliche Einkaufen in Myre lenken mich nur wenig ab. Die Gewißheit, daß Jutta im Januar für vier Wochen vorbeikommen will, hält mich aufrecht.

Mitte Dezember ist pünktlich zum Geburtstag das Paket mit einer Unmenge Bücher und Gebäck im Postamt Myre. Kaum bin ich nach dem langen Fußmarsch in Nyksund angekommen, ziehe ich weder den Anorak aus, noch heize ich den Ofen. Wie ein Lesesüchtiger falle ich über das erstbeste Buch her. Lesen wird zur Hauptbeschäftigung, solange, bis mir der Kopf brummt oder die Zeilen vor den Augen verschwimmen. Weihnachten nehme ich nicht wahr, ich lese.

Draußen fegt mit brachialer Gewalt ein Sturm durch den Ort. Mein Haus zittert unter den heranrasenden Böen. Ich habe mich lesend in den Schlafsack verkrochen, das Zimmer will nicht warm werden. Auf dem Ofen steht der heiße Tee. Zwei Tage tobt der Orkan, dann über Nacht wird es still. Sein Pfeifen und Heulen um das Haus und im Kamin verstummt.

Bei meinem Spaziergang in dem fahlen Zwielicht am Mittag sehe ich mir seine Zerstörungskraft an. Ein kleines Lagerhaus samt der Kaianlage ist in sich zusammengebrochen.

Am 30. Dezember klettert Jutta endlich aus dem Bus an der Poststation in Myre. Die Freude ist groß und überschwenglich, die Zeit der Einsamkeit vorbei. In den ersten Stunden fehlen mir oft die Worte. Ich fange einen Satz an, weiß auch genau was ich sagen will, allein mir fehlt das eine oder andere Wort. Es ist nicht mehr im Kopf. Vier Monate ist es her, da ich das letzte deutsche Wort gesprochen habe.

Jutta ist von Nyksund, dem Haus und der Fjordlandschaft so begeistert, daß Kälte und Stürme, der fast ständige Zug im Häuschen, unser Schlafraum, in dem es genauso kalt ist wie draußen oder das abseits liegende Plumpsklo nicht ins Gewicht fallen.

Für mich beginnt eine wirklich schöne und unbeschwerte Zeit, ich fühle mich wie neugeboren.

Gleich zu Beginn des neuen Jahres fahren wir mit dem Bus nach Harstad. Dort soll es mehrere Schlittenhundezüchter geben – vielleicht eine Chance, endlich an einen brauchbaren Hund zu kommen. So ein Ausflug hat es in sich. Um 4.00 Uhr klingelt Juttas Reisewecker und eine Stunde später tasten wir uns auf der stockfinsteren Straße die dreizehn Kilometer nach Myre. Hier fährt der Bus ab, der uns am späten Nachmittag in Harstad abliefert. Dort angekommen, kundschaften wir die Adressen von Schlittenhundbesitzern aus. Endlich – es ist schon spät am Abend – sind wir dort, wo wir hin wollten.

Zwanzig Huskies heulen uns durch die klare, frostige Nacht entgegen. Bei einer Tasse heißen Kaffees fragt man mich nach meinen Plänen aus. Aber der gute Mann kann keinen seiner dafür in Frage kommenden Hunde entbehren. Er bereitet sich intensiv auf die Saison der Schlittenhundrennen vor.

Sein Nachbar, der gerufen wird, hält scheinbar weniger von Wettbewerben, aber um so mehr von meinem Vorhaben. Lusjan hat Grönlandhunde, also sehr kräftige aber nicht zu schwere Tiere, genau passend für meinen kleinen Schlitten. Als er uns sein Gespann zeigt, bin ich begeistert, selbst Jutta verliert etwas ihre Furcht. Lusjan stellt mir Keito vor, einen einjährigen kräftigen Rüden, eine Augenweide. Sein Fell ist weiß, wobei ihn die langen schwarzen Rückenhaare recht vornehm melieren. Er scheint aufgrund seines Alters den untersten Rang im Rudel einzunehmen und ist eher ängstlich als aggressiv. Keito gefällt mir auf Anhieb, wir müssen nicht lange handeln. Für ein etwas besseres Taschengeld kann ich mir den Hund von Februar bis in den Mai ausleihen. Ich bin unsagbar froh, so rasch und problemlos an einen sehr guten Hund gekommen zu sein. Jetzt steht der Wintertour nichts mehr im Wege.

Das Ende der Polarnacht kündigt sich an

Nach langer Dunkelheit zeigt sich am 22. Januar für Minuten die Sonne zum ersten Mal

Spürbar verlängert sich die Zeit der Dämmerung. Langsam wird der Himmel im Süden rot, dort, wo die hohen, schneebedeckten Berge den Fjord beenden. Am 22. Januar ist es soweit, die Sonne kommt wieder. Langsam kündigt sie sich an. Der Horizont verfärbt sich von einem leichten Orange in ein sanftes, warmes Rot. Die Berge stehen wie Scherenschnitte in der Farbenpracht. Langsam, unendlich langsam, wird es heller. Dieses Farbenspiel bannt uns, wir stehen am Fenster und reden kein Wort. Da, die ersten Sonnenstrahlen tauchen die Gischt der Brandung in weißliches Gold. Von da aus wandert das Licht über den Berg unserer Insel und erreicht schließlich auch unser Haus. Ich gucke, als ob ich hier das erste Mal wäre, als sei mir hier alles fremd. Die ganze Landschaft und Nyksund erscheinen mir in einer nie dagewesenen, unbeschreiblichen Schönheit, als wäre hier alles wie neu geboren. Mir wird warm und wohl. Auch wenn die Sonne keine zehn Minuten am Himmel bleibt, so ist dieses Zeichen doch so eindringlich, so überzeugend, daß meine Gedanken sich fortan wieder eng auf die bevorstehende Tour konzentrieren.

KEITO

Am 4. Februar ist es wieder soweit. An der Bushaltestelle verabschieden wir uns voneinander und liegen uns ein letztes Mal in den Armen. Aber der Abschied fällt diesmal nicht so schwer, denn die Zeit der Trennung ist absehbar.

Ein paar Tage später bin ich bei Lusjan in Harstad, einquartiert in einer kleinen Holzhütte. Bevor ich Keito mitnehme, wollen wir noch zwei kleine Ausflüge mit den Hunden in der Umgebung Harstads unternehmen. Das Thermometer ist auf −20° C abgefallen, als wir seine acht Hunde vor den Schlitten spannen. Sie kläffen und jaulen, zerren an den Leinen und warten auf das Kommando von Lusjan. Ich habe es mir, eingehüllt in meine wärmste Kleidung, zwischen den Rentierfellen auf dem Holzschlitten bequem gemacht. Lusjan steht auf den Kufen hinten am Schlitten, löst den Schneeanker, pfeift einmal kurz und ab geht die Post. Mit ungeheurer Kraft stemmen sich alle Hunde gleichzeitig in die Geschirre, sie krümmen ihre Rücken und stoßen sich mit ihren großen Pfoten vehement vom Boden ab. Ich weiß nicht, was die Hunde zu dieser irrsinnigen Kraft bewegt. Wie kann es möglich sein, daß sie eine derartige Arbeitswut entwickeln, ohne dazu getrieben oder dafür belohnt zu werden? Ich kann es mir nur mit einer enormen Freude am Ziehen, an der Arbeit, erklären.

Die Sonne ist schon lange untergegangen und langsam beleuchtet die große, fast orangene Scheibe des Vollmondes die weißen Flächen und den Wald, durch den wir rasen. Lusjan hat alle Hände voll zu tun, um den Schlitten in der Bahn zu halten. Drei riesige Stahlzinken bilden die Bremse, die mit einem Fuß in den Schnee gedrückt werden kann. Mit dieser Bremse und durch Verlagern des Körpergewichts wird der Schlitten gelenkt.

Vorn läuft seine älteste Hündin. Sie hört schnell und sicher auf jedes Kommando: rechts, links und geradeaus. Nur bei dem Kommando ›halt‹ ist es hauptsächlich die Bremse, die uns zum stehen bringt. Ab und zu verheddert sich einer der Hunde in den Leinen. Dann ist mein Einsatz gefordert. Ich springe vom Schlitten, laufe mit den inzwischen steifgefrorenen Stiefeln zu dem Hund, ordne die Leine samt Hund und schon geht es weiter. Nach drei Stunden und dreißig Kilometern sind wir wieder an der Hütte. Den Hunden hängt die Zunge aus dem dampfenden Maul, ich bin durchgefroren.

Am nächsten Tag fahren wir mit zwei Gespannen los. Vor meinen

Schlitten spanne ich nur drei Hunde, in der Hoffnung, sie so besser im Griff zu haben. Im lockeren Schnee muß ich den Schlitten anschieben, die Hunde versinken zu tief und finden kaum Grund unter ihren Pfoten. So komme ich trotz der −22°C ins Schwitzen. Aber auf hartem Schnee kommen sie wieder voll auf Touren und ich muß mich redlich bemühen, die Kontrolle über den Schlitten zu behalten. Trotzdem haut es mich zweimal von den Kufen, die Lenkung des Schlittens ist eben nicht einfach. Mit der genügenden Geduld und Ausdauer gelingt mir der Umgang mit dem Gespann immer besser.

Ich bin froh, daß ich für meinen kleinen Schlitten auf der Tour nur einen Hund benötigen werde.

Mein nächstes Ziel ist Setermoen an der E6, wohin ich mir meinen Schlitten, den Winterschlafsack und andere Dinge schicken lasse. Bis dorthin sind es aber noch einige Tage, die mich auf Straßen entlang verschiedener Fjorde führen. Die Bauern- und Fischerdörfer wirken wie ausgestorben, nur selten läßt sich ein Mensch bei der Kälte blicken. Diese Kälte hat es in sich. In diesem Winter, in dem so spät und spärlich

Trockenfisch

der Schnee gefallen ist, herrscht wochenlang ein ungewöhnlich strenger Frost. In vielen Höfen sind die Wasserleitungen und Abflüsse zugefroren und ab und zu sieht man vermummte Gestalten, die sich in riesigen Milchkannen beim Nachbarn Wasser besorgen.

Für Keito ist das Gehen an der Leine ungewohnt. Er zieht hierhin und dorthin, aber selten in meine Richtung. Hunger scheint er immer zu haben. Ab und zu bleibt er stehen, wühlt im Schnee und findet dort mal eine alte Fischgräte und hier einen festgefrorenen Pferdeapfel, den er genüßlich von der Straße kaut. Für die Nächte finden wir meist alte Schuppen oder Scheunen. Keito wird dann draußen angekettet, was ihm am Anfang sichtlich mißfällt. Er vermißt sein Rudel, mosert zuerst vor sich hin, um dann in ein Heulen überzugehen.

Erst langsam gewöhnt er sich an mich und an seine Einsamkeit.

Eines Abends, ich habe es mir abseits des Weges in einem alten Bauwagen, so gut es geht, bequem gemacht, im Ofen lodert ein schwaches Feuer, höre ich Keito unruhig werden. Schritte knirschen im Schnee, schon geht die Tür auf und zwei Uniformierte stehen in der Hütte. ›Was ich denn hier mache und wo ich gestern Nacht gewesen wäre‹, fragen sie. Ich bin perplex über diesen unerwarteten Besuch und die Fragen, antworte aber betont ruhig und höflich. An meinem Akzent merken sie schnell, daß ich ein Ausländer bin und sofort kommt die Frage, woher ich den Hund habe, denn die Einfuhr von Hunden ist verboten. Auch das kann ich beantworten, womit sie aber immer noch nicht zufrieden sind. Schließlich wird mir die Fragerei zu bunt, ich will wissen, was sie zu mir getrieben hat. In der Nähe sei in der letzten Nacht eingebrochen worden und irgend jemand hat gesehen, daß ich aus dieser Richtung kam. ›Ob sie denn annehmen würden, in meinem Rucksack lauter Diebesgut zu finden‹, frage ich ironisch, worauf der jüngere der beiden doch tatsächlich mit seinen behandschuhten Fingern an meiner Rückenlast nestelt. Er ist über den Inhalt enttäuscht, kopfschüttelnd signalisiert er seinem Kollegen das negative Resultat. Aber jetzt wollen sie meinen Paß sehen, ärgern sich aber schon wieder, denn es ist dort kein norwegischer Einreisestempel zu finden. Wie lange ich in Norwegen bin, wird gefragt. Da ich keine Aufenthaltsgenehmigung habe und Touristen nur drei Monate im Land verbleiben dürfen, gebe ich ihnen ein Einreisedatum vom Januar. Sie sind sichtlich unzufrieden. Das kann ich verstehen. Schließlich hat irgend jemand sie ja in ihrer sonntäglichen Ruhe gestört, sie mußten sich hier durch hohen Schnee kämpfen und bekommen von mir nur Antworten, die fast alle nicht nachzuprüfen sind. Aber sie haben sich ja diesen Beruf ausgesucht.

Sozusagen als Beute nehmen sie mir meinen Paß ab und verlassen mein Quartier mit der Aufforderung, ich solle mich morgen in Sjøvegan bei ihnen melden. Die Nacht verbringe ich unruhig. Immer wieder stelle ich mir die Frage, ob die Polizei die Möglichkeit hat, festzustellen, daß ich länger als drei Monate im Land bin.

Am Nachmittag des folgenden Tages treffe ich auf der Polizeistation ein. Ein nervöses Gefühl im Magen rumort. Was wissen die?

Die beiden Möchtegern-Kojaks fragen mich noch einmal dasselbe wie gestern abend, in der Hoffnung, doch einen überprüfbaren Anhaltspunkt meiner Einreise zu erhalten. Aber wieder endet die Befragung im Nichts. Es fällt mir schwer, ein Grinsen über ihr sich abzeichnendes Desaster zu verkneifen. Um nun aber den verlorenen Boden der Autorität zumindest wieder teilweise unter den Füßen zurückzugewinnen, hageln auf mich ausführliche Ermahnungen und Belehrungen ein, die ich freundlich und entspannt entgegennehme. Mit einer Tasse heißen Kaffee im Bauch und gut gewärmt, verlasse ich diese Örtlichkeit.

Die Temperatur fällt unaufhörlich, auch tagsüber liegt sie unter −20°C. Schnell gefriert der Atem im Bart zu dicken Eisklumpen, die sich erst im warmen Schlafsack lösen. Keito gewöhnt sich immer besser an die Leine und geht gut mit. Nur die Hunde, die uns von den Höfen zubellen, machen es mir schwer, Keito zu halten.

Wir sind unweit der E6 bei Bardu und gehen an lose verstreuten Bauernhöfen vorbei, als wieder einmal von fern Hundegebell ertönt. Es ist eine schwarze Settermischung, der offensichtlich in Keito einen Spielkameraden gewittert hat. Die Tür des kleinen Hauses geht auf und eine junge Frau betrachtet Keito und mich neugierig. Was das denn für ein schöner Hund sei, wohin ich unterwegs bin und woher ich komme, will sie wissen. Aber ehe ich zu ausschweifenden Erklärungen ausholen kann, bittet sie mich zu einer Tasse Kaffee herein. Wir kommen rasch ins Gespräch. Sie heißt Kristine und wohnt hier mit ihren beiden Kindern, die zur Zeit noch im Kindergarten sind. In der gut beheizten Wohnung fängt mein Gesicht an zu glühen, ich fühle mich wie in einer Sauna. Der Abend verläuft in für mich ungewohnten Bahnen. Zunächst nehme ich ein ausgedehntes und dringend benötigtes Bad. Pünktlich zum Abendessen erscheint ihr Freund Arne, der mich gleich für den folgenden Tag einlädt. Er wohnt auf meinem Weg zum Altevatn, gleich hinter Bardu. Ich bin über diese Entwicklung sehr froh, soviel Gastfreundschaft habe ich mir nie träumen lassen.

Über Nacht sinkt die Temperatur auf −37° C. Die kalte Luft kneift in den Bronchien, es ist im wörtlichen Sinne schneidend kalt. Der kleine Ort Bardu oder Setermoen liegt unter einer Dunstglocke aus Qualm. Der Rauch aus den Schornsteinen der Öfen steigt bei dieser Kälte nicht mehr nach oben, sondern senkt sich über den Ort. Überall sieht man vermummte Menschen, die schnellen Schrittes über die Straßen hasten. Freiwillig hält sich keiner mehr draußen auf. Das Schwätzchen mit den Nachbarn oder Bekannten findet nicht mehr auf der Straße statt, man sucht die Cafeteria auf, die überlaufen ist.

Hier, keine vierzig Kilometer vom offenen Meer entfernt, macht sich das Kontinentalklima mit seinen strengen Wintern und heißen Sommern schon bemerkbar. Im Sommer steigt die Temperatur schon mal auf +30° C.

Der Tag bringt eine Enttäuschung. Der Schlitten liegt nicht auf dem Postamt, obwohl er zu Hause bereits vor sechs Woche abgeschickt wurde. Auch die Suche bei den Postämtern der Umgebung bleibt erfolglos. Meine Unruhe wächst, als ich von meiner Schwester durch das Telefon erfahre, daß die Winterausrüstung auch nicht zu ihr zurückgekommen sei. Erst zwei Tage später ist es der Hilfe eines Postbeamten zu verdanken, daß mein Gepäck im Hauptzollamt zu Tromsø aufgefunden wird. Aber ich soll Zoll bezahlen. Wieder beginnt eine ewige Telefonierei, bis der zuständige Zollbeamte von der Verzollung Abstand nimmt. Man sichert mir den Schlitten für Montag zu. Dem Beamten falle ich fast um den Hals, denn endlich steht der Fortsetzung meiner Tour nichts mehr im Wege.

Doch beim Verlassen der Post fährt mir ein Schreck durch die Glieder: Keito steht nicht mehr dort, wo ich ihn festgebunden habe. Nur noch ein Rest der Reepschnur hängt am Laternenpfahl. Das darf doch nicht wahr sein! Endlich ist das verschollene Postgut aufgespürt, da ist der Köter weg! Und wo soll ich ihn suchen? Ist er in die Wälder abgehauen, so finde ich ihn niemals wieder. Ich weiß nicht, wo ich suchen soll, laufe hier- und dorthin und werde langsam wütend auf dieses Aas, das noch nicht einmal zwei Stunden auf mich warten kann. Ich sehe mich schon die Tour abbrechen, als – ich traue meinen Augen kaum – der Hund festgebunden vor dem Supermarkt weilt. Einerseits möchte ich ihn würgen, wie er da gelangweilt ohne die geringste Regung auf mich zu warten scheint, andererseits bin ich unendlich froh, ihn wiederzuhaben. Die Leine hat er durchgebissen und ist dann den Wohlgerüchen der Fleischtheke im Supermarkt gefolgt. Daß dieses Vieh nur ans Fressen denkt!

Am Samstag ist mit mehreren Freunden ein Disko-Besuch angesagt. Ich mache mit, obwohl mir dies alles recht fremd ist. Es ist eine Disko, in der ich nicht bereue, das Eintrittsgeld umgangen zu haben. Meine geringe Begeisterung ist mir wohl anzumerken, denn schnell werden ein paar Kronen gesammelt. Ich solle es mir vor der Tour noch einmal gutgehen lassen, findet man. Alle meine Verzichtserklärungen und Ausreden werden in den Wind geschlagen und ehe ich mich versehe, stehen mehrere Gläser Bier vor mir. Viel zu schnell verliere ich das Gefühl für Zeit und Raum und wache schließlich mit einem mörderischen Schädel und erheblichen Gedächtnislücken bei Kristine auf. Was dann in den folgenden Minuten passiert, ist für meinen in Zeitlupe denkenden Kopf viel zu schnell. Spätere Recherchen ergeben folgendes: Die Temperatur am letzten Abend betrug −35°C. Viel zu kalt, um Keito – inzwischen Kristines Liebling – draußen schlafen zu lassen. So ließ sie Keito im Haus übernachten. Am Morgen öffnet Kristine leise meine Zimmertür. Die Katze, die bei mir übernachtet hat, nutzt diese Gelegenheit, um aus dem Zimmer zu schlüpfen. Die scheint nicht unbemerkt an Keitos wachsamen Auge vorbeischleichen zu können. Jedenfalls macht Keito einen Satz auf die Katze, hat ihren Kopf schon im Maul, worauf die Katze wie am Spieß schreit. Das wiederum lenkt die volle Aufmerksamkeit Arnes auf das hereinbrechende Unglück. Er hechtet sich mit einem Satz auf den Hund, der vor Schreck die Katze losläßt. Sie blutet aus einer Wunde am Hals. Arne und Kristine packen sie ein und fahren zum Tierarzt. Von diesem Tohuwabohu wacher geworden, stehe ich auf, finde aber nur noch den blutbesprenkelten Boden der Küche und Keite draußen an der Kette.

Zum Glück hatte die Katze nur Fellwunden, die der Tierarzt behandeln muß. Kristine ist drastisch Keitos Natur klargeworden und er bleibt nun draußen.

Am Montag kann ich die Pulka und die anderen Ausrüstungsgegenstände tatsächlich in Empfang nehmen. Lebensmittel für vierzehn Tage werden eingekauft und dann packe ich die Pulka. Der Wetterbericht kündigt mildere Temperaturen und klares Wetter an. Auf der Karte gucke ich mir noch einmal die nächste Etappe an. Sie geht über den großen Altevatn und dann weiter über einen Wanderweg – wenn von dem überhaupt noch etwas zu sehen ist – entlang der norwegisch/schwedischen Grenze zur E78, die fast das Länderdreieck Norwegen, Schweden und Finnland berührt. Dort habe ich mich mit meinem Bruder und zwei seiner Freunde verabredet.

Die Ski bleiben den ersten Tag auf dem Schlitten, denn eine vom losen Schnee geräumte Straße durch das Østerdalen steht uns zur Verfügung. Das Tal erweist sich als ruhig und lieblich. Links und rechts der Straße wechseln sich Kiefer- und Birkenwälder ab, die selten einen Bauernhof bergen. Irgendwo in der Ferne röhrt ab und zu eine Motorsäge. Elchspuren wechseln über die Straße, ein paar Krähen und Elstern streifen über die Wipfel der Bäume. Keito benimmt sich so, als hätte er nie etwas anderes gemacht, als die Pulka zu ziehen. Erst gegen Abend wird er müde, für einige Steigungen muß ich ihn des öfteren anfeuern, was erstaunlicherweise hilft.

Erst am nächsten Tag lasse ich die Zivilisation hinter mir. Ein paar Kilometer überqueren wir das Eis des Altevatn, über das ein eiskalter Wind vom Süden her fegt. Harte Schneewehen und -zungen lenken die Ski nur selten dorthin, wo ich es möchte. Mir kommt es vor, als würden wie nicht vorwärtskommen – unendlich weit erstreckt sich der See. Keito, der mit mir durch eine längere Reepschnur verbunden ist, fühlt sich scheinbar stark zu mir hingezogen. Er läuft mir ständig vor die Ski, plaziert die Pulka mitten auf ihnen und kommt dann zum Stehen. Stürze meinerseits sind nicht zu vermeiden. Mein Schimpfen läßt ihn kalt, er guckt einfach in eine andere Richtung, als wolle er sagen: »Selber schuld«, oder »auf zwei Beinen geht es sich eben schlechter als auf vieren«.

An eine Pause ist nicht zu denken. Ein paar Minuten ohne Bewegung reichen dem Wind aus, um mich frieren zu lassen. Aber für die Dörrobstriegel, die als Snack vorgesehen sind, brauche ich ohnehin nicht lange. Diese Energiewürste, wie ich sie der Form halber nenne, habe ich mir schon in Nyksund als ›Zwischendurchnahrung‹ gemacht. Sie haben den Vorteil, daß sie zur Mahlzeit nicht vor- oder zubereitet werden müssen. Sie liefern dem Körper sehr rasch die notwendige Energie, denn sie bestehen zur Hälfte aus Kohlehydraten in Form von Dörrobst, Honig und Haferflocken. Nüsse und Milchpulver liefern Fett und Proteine, Orangen- oder Zitronensaft sorgen für das Vitamin C. Zudem haben sie den Vorteil, daß sie unwahrscheinlich lecker sind.

Die Dämmerung bricht langsam herein, als wir von der harten Schneedecke des Sees in nördlicher Richtung in einem kleinen Flußtal die Berge hinauf wollen. Loser Schnee, vom See hier heraufgeweht, gibt uns einen kleinen Vorgeschmack auf da, was wir noch öfters erleben werden. Ich sinke samt Skiern teils bis zu den Knien weg, unter dem Schnee verhaken sie sich in Birkengestrüpp – kurz: es ist sehr mühselig. Für Keito sieht es noch ungünstiger aus. Er verschwindet manchmal zur Gänze in dem losen Weiß, nur noch der Kopf und der Schwanz ragen gelegentlich hervor. Seine Pfoten finden keinen Halt, er kann sich nicht abstoßen. Oft wühlt er nur im Schnee, ohne auch nur einen Zentimeter vorwärts zu kommen. Auch als ich meine Spur in Pulkabreite anlege, hilft es ihm nicht allzuviel. Immer wieder verhaken sich Birkenzweige am Geschirr der Pulka, worauf von Keito nur noch ein ärgerliches Jaulen zu hören ist. Ich habe mir vorgenommen, wenigstens bis zur Gaskashütte zu kommen, einerseits um den Wanderweg und somit den leichtesten Aufstieg zu finden und andererseits auch in der Hoffnung auf eine Übernachtungsmöglichkeit. Aber wir kommen kaum voran, Keito ist ziemlich erledigt und immer wieder muß ich ihm beim Ziehen helfen. Die Dämmerung hält mich zum besten. Wieder und wieder glaube ich die Hütte zwischen den Birken zu erkennen, aber jedesmal stellt sich das als Täuschung heraus.

Schließlich zwingt mich die hereinbrechende Dunkelheit zur Aufgabe. Zwischen Birken suche ich einen Platz für das Zelt. Dann trete ich auf einer Fläche, die der Zeltgröße entspricht, den Schnee fest, damit ich einigermaßen gut liege und das Zelt sicher steht. Ist das Zelt aufgebaut,

Keito im Tiefschnee

ziehe ich die Pulka dicht an den Eingang heran, die Isomatte wird im Zelt plaziert und der Rucksack daneben gelegt. Jetzt beginnt eine längere Umziehprozedur. Die Faserpelzwäsche, trockene Strümpfe (wenn vorhanden), Schal, Daunenjacke, Wärmeschuhe, Mütze und Handschuhe werden angezogen. Wenn dies alles nicht reicht, krieche ich halb in den Schlafsack.

Keito macht es sich weniger umständlich. Nach dem Ausspannen tritt er sich eine kleine Mulde, rollt sich in ihr zusammen und fällt nach einem leichten Aufstöhnen in den Schlaf. Für mich beginnt nun der eigentliche Höhepunkt des Abends, das Essenkochen. Dazu wird nun der Schlitten geräumt, der unter anderem den Petroleumkocher, Brennstoff und die meisten Lebensmittel beherbergt. Kaum ist der Schnee im Kochtopf einigermaßen geschmolzen und der Wasserstand hat durch ständige Schneezufuhr eine akzeptable Höhe erreicht, wandern zum

Beispiel Nudeln, eine Tütensuppe und Speck hinein. Bei diesem Geruch wird Keito wieder wach. Er schielt öfters herüber, kommt, soweit es die Kette zuläßt, heran und schnuppert.

Sein Magen scheint in demselben Zustand zu sein, wie meiner. Nach einer halben Ewigkeit ist der Kochtopfinhalt gar, es folgt noch zur Deckung des Energiebedarfs Margarine und Sojamehl. Auf der Flamme steht nun der Teekessel, der auch wieder ständig mit Schnee nachgefüllt werden muß, denn der zuerst hereingepreßte Schnee bedeckt im geschmolzenen Zustand nicht viel mehr als den Kesselboden. In der Zwischenzeit mache ich mich über das Essen her. Langsam wird mir wärmer. Angenehm durchströmt das Blut die kalten Füße und Hände. Urgemütlich wird es mir.

Wenn das Teewasser kocht, bin ich mit dem Essen fertig. Der schmutzige Topf wird erneut mit Schnee gefüllt und auf den Kocher gesetzt. Keitos Mahl wird vorbereitet. Knapp fünfhundert Gramm Trockenfutter, einhundert Gramm Fett und Fischpulver landen in seinem Napf. Das warme Spülwasser aus meinem Topf weicht Keitos Nahrung auf. Spätestens jetzt beginnt zwischen mir und Keito der allabendliche Kampf. Er will absolut nicht einsehen, daß Trockenfutter erst eingeweicht werden muß. Er jault elendig, zerrt an der Kette und wirft mir steinerweichende Blicke zu. Ich schwanke zwischen Vernunft und Keitos flehenden Blicken. Manchmal gelange ich zu der Ansicht, Keito würde nun verrückt werden und sich nie wieder beruhigen. Um dem vorzubeugen, bringe ich ihm endlich das Verlangte und sofort ist nur noch ein Schmatzen und Schlingen zu hören. Das dauert nur einen Augenblick, dann ist nur noch das Hin- und Herschaben des Napfes im Schnee zu vernehmen – Keito sucht die letzten Fitzelchen Eßbares. Wenig später liegt er schon wieder in seiner Mulde.

Währenddessen habe ich es mir bei einem Hagebutten- oder Pfefferminztee gemütlich gemacht, trage noch ein paar Zeilen ins Tagebuch ein und lese ein wenig in einem meiner Bücher, nicht selten zum dritten oder vierten Mal.

Nach ungefähr zwölf Stunden rappel ich mich wieder auf und werfe einen Blick auf das Wetter. Heute ist es trüb, das Licht diffus. Dann wird wieder Schnee für das Müsli und den Tee aufgetaut. Das dauert alles recht lange, aber es stört mich nicht. Es ist eben keiner da, der drängt oder mir vorschreibt, wann ich loszugehen habe. Es kommt alles, wie es kommt und nichts ist unangenehmer, unausgeschlafen zu sein oder etwas in Hektik zu erledigen.

Das Unangenehmste am Morgen ist oft das große Geschäft. Dazu muß ich mich eben zum Teil entblößen und wenn ein kalter Wind über die Tundra fegt, versuche ich mich nur kurz damit aufzuhalten. Dabei kommt es auf genaue Körperbeherrschung an, die den Druck so genau bemessen läßt, daß die Zeitspanne, in der der Hintern blank ist, möglichst sehr kurz oder nur Augenblicke dauert. Eine feucht gewordene Toilettenpapierrolle, die nun wieder zusammengefroren ist, kann, unter bestimmten Bedingungen, dieses Geschäft in eine Odyssee ausarten lassen.

Die zweite und letzte Unannehmlichkeit des Tages bereiten die Stiefel. Einmal feucht geworden, widersetzen sie sich steinhart jeder Anprobe. Ist die Feuchtigkeit nicht allzu groß, sind nur die verbissensten Versuche nach einiger Zeit vom Erfolg gekrönt und die Füße dem eiskalten und harten Stiefel anheim gegeben. Schlagen alle Versuche fehl, hilft nur noch der Kocher. Vorsichtig halte ich die Stiefelöffnung über ihn, so daß die Wärme in dem Stiefel nach oben steigen kann und ihn auftaut.

Die ersten Schritte heute lassen sich schwer an. Zwar ist Keito die letzte Nacht gut bekommen, er gibt sein Bestes. Aber das reicht eben in dem tiefen Schnee nicht. So binde ich mir die Reepschnur an den Hüftgurt des Rucksacks und helfe ihm so gut ich kann. Langsam geht es

Auf dem Weg in die Finnmark

bergauf, die Birken stehen weniger dicht, wir erreichen die Baumgrenze, ohne auf die Hütte zu stoßen. Der Schnee wird langsam härter, das Vorwärtskommen leichter. Selten ist ein Stein im Schnee auszumachen, der die Wegmarkierung sein könnte. Aber noch ist die Landschaft gut mit der Karte zu vergleichen, markante Punkte gibt es genug. Die Berge sind noch nicht sehr schroff, Flußläufe unschwer zu erahnen. Aber während sich in der Ferne die Felsen, Gipfel und Seen schwach abzeichnen, sind die Hindernisse direkt vor mir kaum zu erkennen. Das Licht ist derart diffus, daß Senken und Schneewehen kaum oder gar nicht auszumachen sind. Es ist fast ein ›White-out‹, ein Phänomen in Schneewüsten, das alle Konturen verschwimmen läßt. Alles ist in einer Farbe, Himmel und Landschaft. Man weiß nicht um den Horizont, geschweige denn um Orientierungspunkte. Soweit ist es glücklicherweise noch nicht, aber mir reicht es auch so. Immer wieder nehme ich selbst übermannshohe Schneewehen erst wahr, wenn ich schon gegen sie gelaufen bin. Oder ich bemerke Senken erst dann, wenn die Skier von alleine zu rutschen anfangen.

Es geht immer höher und obwohl der Schnee hier oben festgeweht ist, schafft Keito gegen Abend die Steigung schlecht. Wieder muß ich mir die Reepschnur umbinden und im V-Schritt vorangehen.

SCHNEESTURM

Der nächste Tag zeigt sich schon von einer viel besseren Seite. Über Nacht klart es auf und mich wecken die ersten Sonnenstrahlen, die gerade erst über die Berge zu mir gelangen. Das Thermometer zeigt $-18°C$, nur ab und zu weht ein schwaches Lüftchen. Langsam führt uns unser Weg etwas tiefer, Keito springt freudig voran. Gegen Mittag erkenne ich kilometerweit vor mir zwei kleine Punkte. Durch das Glas sehe ich zwei Skiläufer, die sich scheinbar in Richtung der Voumahütte bewegen. Zwei Stunden später erreichen wir die Hütte, aus dem Schornstein quillt Rauch. Es sind zwei Eisfischer, die sich hier über das Wochenende hin verzogen haben. Sie sind mit dem Motorschlitten den Altevatn sehr hoch gefahren und haben den restlichen Weg auf Skiern zurückgelegt. Langsam wärmt das Feuer den Ofen und noch langsamer die Hütte. Ich freue mich über die Möglichkeit, endlich mal wieder alle feuchten Sachen trocknen zu können und ein wenig Unterhaltung zu haben. Noch ehe der Kaffee fertig ist, stellt einer von den beiden mit einem vielsagenden Schmunzeln eine Flasche irgendeines Branntweinproduktes auf den Tisch. Als gelte es dem Schlechtwerden der Flüssigkeit vorzubeugen, wird sich das Zeug hinter die Binde gegossen. Die Unterhaltung lebt merklich auf, Anekdoten vergangener Angeltouren, Festen und Besäufnissen werden zum besten gegeben. Mein Nippen an dieser Brühe wird ungern gesehen. Immer wieder werde ich aufgefordert, nicht so zögerlich zu trinken. Aber eine innere Stimme rückt meine Erfahrung des letzten Umtrunks im Februar ins Bewußtsein und das Wissen um die Schädlichkeit auch nur von Restalkohol im Blut bei winterlichen Touren lassen mich bei diesem Wettkampf um den höchsten Alkoholspiegel aussteigen. Nach einiger Zeit wird die Unterhaltung fahriger, der ältere der beiden verabschiedet sich bei Sonnenuntergang mit rudernden Armen und bewegt sich unsicheren Schrittes der Koje zu.

Der Jüngere zeigt mehr Durchhaltevermögen. Standfestigkeit wäre nicht das richtige Wort. Er sitzt das aus, denn er hat sicherlich seinen Grund, daß er sich beharrlich weigert, seinen Stuhl zu verlassen. So folgen noch einige sich immer wiederholende Monologe. Er nimmt mein Reden kaum zur Kenntnis, noch kann er seine Sätze so koordinieren, daß sich größere Zusammenhänge offenbaren.

Der nächste Morgen zeigt sich von der besten Seite. Der Himmel ist blau, die noch tief stehende Sonne überflutet golden den See und die umliegenden Berge. Es ist immer noch $-18°C$, nur ab und zu wehen kleine Böen losen Schnee auf. Ein Morgen, wie er schöner kaum sein kann – für mich. Während der ausgeruhte der beiden Eisfischer das Frühstück vorbereitet und ich das meine, scheint der jüngere regelrecht krank zu sein. Mühsam schleppt er sich zum Tisch, nippt an dem heißen Kaffee, schiebt die Spiegeleier mit dem üppigen, krossen Speck beiseite und schlüpft wieder ins Bett. Noch ehe ich den Kampf gegen meinen eigenen Stolz anfechten kann, wird das stehengelassene Frühstück draußen dem Hund serviert. Ich komme mir recht dämlich vor, denn wie gut hätten die Spiegeleier samt Speck auf meine Bannoks gepaßt! Mir bleibt die Spucke weg und ich denke daran, wie lange ich mir keine Spiegeleier gegönnt habe.

Während ich meinen Rucksack und die Pulka packe, mummt sich der Eisfischer dick ein. Mehrere Hosen und Pullover, ein dicker Schlafsack und eine Zelthaut sollen ihn auf dem Eis warm halten. Auf dem See angekommen, baut er sich eine Schneemauer, die die Böen abhalten sollen. Mit einem Eisbohrer wird das sechzig Zentimeter dicke Eis mit

Eisfischer

einem Loch versehen. Dadurch wird der Haken mit einer Made oder einem glänzenden Gegenstand versenkt und in Bewegung gehalten. Nach ein paar Fotos verabschiede ich mich und wünsche noch einen guten Fang.

Es ist früher Nachmittag, als wir uns langsam dem Tal nähern, durch das wir unseren Weg fortsetzen wollen. Böen treiben Flugschnee über das geriffelte Weiß. Keito und ich sind bester Laune, denn der Tag ist mindestens genauso schön wie der vergangene. Ich kann schon die ersten Birken des Tales erkennen, als eine Böe so kräftig daherkommt, daß ich das Gesicht abwenden muß und der Flugschnee jede Sicht nimmt. Aber rasch ist es genauso still wie vorher und wir können weiter. Keine fünfzig Meter weiter jagt die nächste Böe über die Landschaft. Schneekristalle schmerzen im Gesicht. Mir wird in kürzester Zeit kalt, aber auch diese Böe wird ja gleich vorbei sein. Von wegen! Heulend fegt aufgewirbelter Schnee um uns herum.

Ich lasse den Rucksack vom Rücken gleiten, zerre den Poncho von der Pulka und hülle mich im ›Windschatten‹ des Schlittens in ihn ein. Während ich da so hocke, der Poncho im Sturm schlägt und mir die Kälte durch alle Glieder steigt, wird mir bewußt, daß das keine Böe mehr ist, sondern ein ausgewachsener Sturm.

Mir ist elendig kalt, Schnee jagt durch jedes Loch in meiner Abdekkung. Keine fünf Minuten halte ich das mehr aus, es muß etwas geschehen!

Der Schnee liegt hier nicht hoch genug, als daß ich mich in ihn vergraben und so dem auskühlenden Sturm entgehen könnte. Also muß ich irgendwie ins Zelt. Ich springe auf, hole aus dem halb verschneiten Rucksack das Zelt, ramme die Skier in den Schnee und befestige daran zwei Leinen des Zeltes. Die Zelthaut flattert und knattert im Sturm, aber wegfliegen kann sie nicht. Schnell werfe ich die Isomatte, den Schlafsack, warme Kleidung und die Energiewürste hinein, um dann selbst zu folgen. Dabei kommen Unmengen Schnee in das Zelt.

Aber ich bin in Sicherheit vor der auskühlenden Wirkung des Sturms. Ich ziehe nun die gesamte warme Kleidung an und steige in den Schlafsack. Die Zelthaut legt sich um mich herum, schlägt im Sturm und macht dabei einen Höllenlärm. Es pfeift und knallt, jault wie verrückt über mich hinweg. Langsam wird mir wärmer. Ich weiß nicht, wie lange dieser Orkan anhalten kann, wie ich hier kochen soll. Ich döse in der Hoffnung auf eine gute Idee. Nach Stunden – es dämmert schon – läßt der Sturm ein wenig nach, der Krach wird schwächer. Jetzt oder nie! Ich laufe hinaus, packe die Zeltstangen aus und versuche sie in die Kanäle des Zeltes zu schieben und das Zelt aufzubauen. Immer wieder reißt mir der Sturm das Zelt aus den Händen, droht es wegzufliegen oder die Aluminiumstangen zu brechen. Aber unter verzweifelter Anstrengung gelingt es. Das Zelt steht, wenn auch nicht so, wie vom Hersteller vorgesehen. Mit den Skiern, den Stöcken und der Schneeschaufel verankere ich es so gut es geht. Ich kann mir kaum vorstellen, daß das Zelt und die Aluminiumstangen diesen Naturgewalten standhalten können. Schnell ist der Rucksack und die Pulka ausgegraben, Keito ausgeschirrt und angekettet. Unverzüglich rollt sich der Hund wieder ein. Da zwingt mich das nun wieder anschwellende Tohuwabohu ins Zelt, in das ich noch rasch den Rucksack ziehe. Aber noch sind die Lebensmittel auf dem Schlitten, der unmittelbar vor dem Eingang steht. Durch eine kleine Öffnung im Eingang löse ich die Persenning vom Schlitten, zerre die Lebensmittel und den Kocher ins Zelt. Wie durch eine Düse fegt der Schnee zur Öffnung hinein. Diese drei Minuten reichen, um meine bloßen Hände erstarren zu lassen. Unter elendigen Schmerzen tauen sie in den Achselhöhlen wieder auf, aber die Fingerspitzen sollen noch wochenlang taub bleiben. Das Thermometer im Zelt zeigt nur noch −22° C. Während ich koche, wird das Zelt zu einer Waschküche, alles wird naß und klamm. Aber das heiße Essen bekommt mir außerordentlich gut.

Ich schlafe schlecht, immer wieder wache ich auf, lausche dem Krach und wundere mich über das noch stehende Zelt. Es ist kurz nach Mitternacht, als sich der Sturm langsam legt und ich in einen ruhigeren Schlaf falle.

Als ich aufwache ist es totenstill. Alle Gegenstände im Zelt sind über Nacht mit einer dünnen Schneedecke überzogen worden, als ob alles mit einer feinen Puderzuckerschicht bestreut wäre. Der Sturm hat den Schnee durch das Innenzelt getrieben. Dann wird mir klar, warum es so still ist.

Zwischen Innen- und Außenzelt hat sich eine gut 10 Zentimeter dicke Schneemauer gebildet, die kein Geräusch von draußen hereinläßt. Ich muß mich aus dem Zelteingang regelrecht herausbuddeln. Eine große Schneewehe hat einen Teil des Zeltes und den Schlitten unter sich begraben. Keito ist nirgends zu sehen. Erst als ich ihn rufe, bewegt es sich unter dem Schnee. Keito guckt, reckt sich, steht schließlich auf und schüttelt den Schnee in einer großen Fontäne aus dem Pelz.

Bei Windstille setzen wir unsere Tour fort. Es geht bergab ins Dividal, wieder durch Tiefschnee und nicht richtig ausgeruht, ist das Vorwärtskommen dreifach schwer. Erst gegen Abend erreichen wir die Hütte im Kiefernwald, die mir die beiden Fischer genannt haben. Hier kann ich alle Gegenstände, die gestern feucht geworden sind, trocknen. Der Ofen ist Gold wert.

Dafür wird der nächste Tag zur Tortur. Steil erheben sich die Berge in östlicher Richtung. Unten im Tal ist ein dichter Wald aus Fichten und Kiefern, der nach oben hin langsam in einen Birkenwald übergeht, bis auch dieser verschwindet. Hier müssen wir durch. Keito hat bei diesem losen Schnee keine Chance. So muß ich oft in Serpentinen den Schlitten selber hochziehen. Nur ganz selten gelingt es Keito, soviel Boden unter den Pfoten zu bekommen, daß er mitziehen kann. Stück für Stück, manchmal zentimeterweise, geht es hoch. Immer wieder verhaken sich

die Skier oder die Pulka in dem dichten, verschneiten Unterholz. Oftmals muß ich meine gesamten Kräfte aufbieten, um den Schlitten bei besonders steilen Steigungen heraufzuzerren. So bleibt kaum ein Blick für den schönen Wald, die unzähligen Spuren von Füchsen, Schneehühnern oder dem Elch.

Ich gerate in Schweiß, ziehe mich immer weiter aus, denn nichts ist im Winter unangenehmer, als feuchte Kleider. Langsam verlieren sich die Kiefern und die Birken gewinnen Oberhand. Aber ein Ende des steilen Hanges ist nicht abzusehen. So geht es Stunde um Stunde weiter. Endlich, es dämmert schon, habe ich wieder festgewehten Schnee unter den Skiern. Ich freue mich unbändig, die Augen werden feucht. Selbst Keito spürt das Ende der Plackerei, denn er läuft wie ein junger Gott mit dem Schlitten voran. Jetzt gilt es, nur noch eine windgeschützte Mulde für das Zelt zu finden, um dann in die angenehme Horizontale überzugehen.

Bis zur Goldahütte, die ich in vier Tagen erreiche, bleibe ich immer über der Baumgrenze.

Die Landschaft gewinnt an Weite. Unendlich scheint sich das Weiß der eingehüllten Fjells zu erstrecken, manchmal ist, je nach Wetterlage, nichts anderes zu sehen als Weiß und Blau. Oft kann ich unsere Spuren im Schnee von einem Grat aus kilometerweit zurückverfolgen. Sie schienen aus dem Nichts zu kommen und werden in einem Nichts verschwinden. Hier endlich ergreift mich dieses Gefühl der Weite, von Unendlichkeit und der Einsamkeit der Tundra. Aus der Perspektive eines in großer Höhe fliegenden Vogels mag sich dieses Bild noch perfekter darstellen: Zwei kleine Punkte in dem endlosen Schnee. Über Tage und Wochen, immer einer Richtung folgend – aber wozu?

Vielleicht nur aufgrund dieses Gefühls, der Allmacht der Natur, ihrer Ewigkeit und unser eigenes, endliches Dasein. Dieses Bewußtwerden, dieses Näherkommen der ursprünglichen Denk- und Fühlweise, der – wie ich meine – realistischen Erfahrung der Natur, befriedigt mich unbeschreiblich. Das ist es auch, was mir hier die Kraft gibt, jeden Morgen aus dem warmen Schlafsack in die eisigen Kleider und die hartgefrorenen Schuhe zu schlüpfen und den oft beschwerlichen Weg in Kauf zu nehmen.

Die Schneekristalle haben sich in den Bergen durch den Wind gut verfestigt, wir sinken nicht mehr ein. Auch der pro Tag um ein bis zwei Kilo leichter werdende Rucksack und Schlitten und unsere immer besser werdende Kondition lassen uns die Etappe oftmals zum Genuß werden. Selten sind Steigungen zu überwinden, die für Keito zu steil sind. Dann geht es im Seitschritt, die Pulka nachziehend, zwar mühsam, aber dank der festen Schneedecke nicht mehr strapaziös, aufwärts. Schwierig und mit einigem Fluchen meinerseits sind oft die Abfahrten verbunden. Ich gerate dann mit Keito aneinander, der es nicht verstehen will, parallel zu mir hinunter zu fahren. Entweder macht ihm die Abfahrt derart viel Spaß, daß er in einen Galopp verfällt, immer schneller wird und mich endlich mit dem uns verbindenden Seil aus dem Gleichgewicht reißt, oder er zögert oben, geht vorsichtig ein paar Schritte und bleibt dann stehen, während ich mich schon auf der Abfahrt befinde und schließlich durch sein Abbremsen nach hinten umgerissen werde. Sein unsportliches Verhalten ist ihm nicht auszureden, kein Anfeuern, wenn er zu langsam wird oder beruhigen, wenn er ins Galoppieren gerät, schafft entscheidende, das heißt, sturzvermeidende Abhilfe. Oft gerät er von einem Extrem ins andere – er scheint keinen Kompromiß oder Mittelmaß zu kennen. So ist es in vielen Dingen. Auch sein Magen ist entweder voll oder – eben meist – leer.

Eine Lösung wäre bestimmt, mich von ihm abzukoppeln. Aber das geht nur selten, denn immer öfters begegnen wir Rentierspuren. Gerade wenn der Wind von vorne kommt, wittert Keito die Tiere viel früher, als ich sie sehe. Er ist dann kaum noch zu halten, legt sich mit aller Kraft ins Zeug, fängt vor Wut über meine Bremsversuche und den Schlitten an zu heulen und hört jetzt überhaupt nicht mehr auf mich. Sein Urtrieb ist ungleich stärker als meine Autorität. Aber wenn achterlicher Wind vorherrscht, ist die Gefahr gleich null. Bis auf Rufweite können wir uns dem Hirsch des Nordens nähern, ohne daß Keito sie gewahr wird. Von ihnen ist ohnehin nicht viel zu sehen, gerade mal das Hinterteil und das ist kaum von den Felsbrocken zu unterscheiden. Der Rest ist in einem tiefen Schneeloch verschwunden, das sie sich zu dem kargen Fjellbewuchs gegraben haben. Auch sind sie zu beschäftigt, um uns früh wahrzunehmen und aufzuspringen. Erst wenn sie sich bewegen und im Rudel das Weite suchen, wird auch Keito lebendig. Würde ich in einer solchen Situation den Hund nicht mehr halten können, er wäre auf Nimmerwiedersehen verschwunden.

Wenn also Windrichtung und Rentiere das Seil überflüssig machen, so ist das noch lange keine Gewähr für eine genußvolle Abfahrt. Froh über den neuen Aktionsradius entfernt sich Keito übermütig in eine beliebige Richtung. Bald sieht er, daß ich mich meinerseits entferne und eilt mir unverrichteter Dinge nach. Und wieder berechnet er weder die Schubkraft der Pulka und wuchtet mir sturzträchtig in die Kniekehlen, noch die Länge meiner Ski, über die er samt Schlitten hinwegrast, mit selbigen Folgen.

Erst langsam spielen wir uns ein, lerne ich, ihn in dem Ton anzusprechen, welchen den größten Erfolg sichert und Keito kapiert in gewisser Weise, worauf ich sauer reagiere.

Wir haben das Länderdreieck Norwegen/Schweden und Finnland hinter uns gelassen und nähern uns der Straße E78. Der schneidende Wind kommt fast direkt von vorn, die Augen tränen und die Wimpern wollen immer wieder zufrieren. Es ist gerade −15°C, aber der Wind kühlt so aus, daß Pausen nicht möglich sind. Vor allem die Nase wird erbärmlich kalt und taut nur unter Schmerzen hinter der Balaklava auf. Mir wird nicht richtig warm, so sehr ich auch das Tempo steigere.

Endlich taucht das Tal, in dem die Straße verläuft, aus dem Dunst auf, es geht langsam abwärts. Harte Schneeflächen lösen sich mit Pulverschnee ab und werfen mich ab und zu aus dem Gleichgewicht. Bei dem letzten Sturz für heute, nunmehr unweit der Straße, verliere ich ein Glas aus der Brille. Die mir aussichtslos erscheinende Suche zeitigt dennoch Erfolg. Mit bloßen Händen und mit dem Messer als Schraubendreher versuche ich das Glas wieder einzusetzen. Das ist mit klammen Fingern ein ewig währendes Unternehmen. Aber mit einer guten Portion Geduld gelingt es und ich laufe in rasendem Tempo auf der Straße in Richtung der Jugendherberge. Nur ganz selten kommt ein großer Trailer schneeaufwirbelnd herangebraust. Sie sind auf dem Weg nach Finnland oder zur norwegischen Küste. Sonst liegt die Straße wie ausgestorben. Erst langsam werde ich warm und nach einigen Kilometern spüre ich auch endlich die Wärme in den Füßen.

Gänzlich verschneit und verlassen liegt die Jugendherberge zwischen Kiefern- und Birkenwäldern an der Straße. Hier will ich mich mit meinem Bruder Carsten und zweien seiner Freunde treffen, um mit ihnen weiter gen Osten nach Kautokeino zu laufen.

BEI DEN SAMEN

Zum vereinbarten Tag treffen die drei pünktlich ein. Ihre Rucksäcke sind schwer von allerlei Lebensmitteln sowie zwei Flaschen Rum, die bereits wenig später in Form von Grog in unseren Mägen landen. Alle drei drängen auf den Aufbruch, schließlich ist ihre Zeit begrenzt und in Erwartung von Abenteuern hält es den zivilisierten Menschen nur schwer an einem Ort. Und so machen wir uns am nächsten Morgen auf den Weg, das heißt, mit Kompaß und Karte in die Wildnis. Ich hatte heimlich gehofft, daß die drei in ihrem trainierten und ausgeruhten Zustand die Orientierung übernehmen und den Weg spuren. Ich wollte mir eigentlich bis Kautokeino eine gemütliche Tour machen. Aber diese Hoffnung wurde gleich auf den ersten Kilometern arg enttäuscht. Ich lief wieder ziemlich allein an der Spitze und die drei eierten etwas hilflos auf den ungewohnten Schuhen hinterher. So ähnlich muß es auch bei mir in den ersten Tagen ausgesehen haben. Eine Woche später sind diese Zeiten vorbei und wir sind alle auf dem gleichen Niveau.

Aber die ersten Tage lassen mich doch ins Grübeln geraten, denn so sind wir in zwei Wochen nicht in Kautokeino und unser Proviant schon längst verbraucht.

Die Sicht ist schlecht, der Himmel bedeckt und die Landschaft in Dunst gehüllt. In der Dämmerung haben wir immer noch nicht den finnischen Grenzzaun erreicht und wir alle rätseln über unseren Standort. Zu allem Unglück reißt bei Rainer die Skibindung bei einem Sturz aus. Diese auf den ersten Blick gute Tourenbindung hält beileibe nicht das, was man von ihr so hört. Ein ganz normaler Wanderschuh wird auf einer Stahlplatte befestigt, die vorn durch ein Scharnier gelagert ist und so die typische Bewegung beim Skilanglauf ermöglicht. Für die Abfahrt kann diese Stahlplatte ganz am Ski befestigt werden, so daß ein gutes Lenken des Skis gewährleistet ist. Aber diese Bindung hat den enormen Nachteil, daß die Stahlplatte nur eine Bewegung von 90° mitmacht. Fällt bei einem Sturz das Knie nun nicht auf den Ski, sondern daneben, so hat die Stahlplatte samt Fuß einen größeren Winkel als eben 90°. Ein paar Grade können durch die Biegung des Skis aufgefangen werden, aber die restlichen Grade hebeln die Bindung regelrecht vom Ski. Zwar kann diese Wirkung durch einen sehr flexiblen Ski und einem bombenfesten Sitz der Bindung zum Teil aufgehoben werden. Aber einen sicheren Halt der Bindung möchte ich bei allen möglichen und unmöglichen Stürzen niemals garantieren. Meine mittelalterliche Seilzugbindung mag zwar nicht die sportlichste sein, aber ich wüßte keine bessere, in die auch ein normaler Wanderschuh hineinpaßt.

Jedenfalls stehen wir recht ratlos um die ausgerissene Bindung herum. Carsten hat mal wieder an alles gedacht. Aus seinem Rucksack zaubert er einen Schraubenzieher, Frittbohrer und einen Zweikomponentenkleber heraus.

Erst der nächste Tag bringt uns zur finnischen Grenze, an der uns eine kleine, innen ziemlich verrußte Hütte zur Übernachtung einlädt. Es dauert nicht lange, bis es im Ofen knistert und das Essen auf dem Tisch steht. Diese Hütte scheint ab und zu von den Samen benutzt zu werden, wenn sie nach ihren Herden gucken oder gegen Ende des Winters bei der Reindrift, wenn die Herden zur Küste ziehen.

Wir werden von der Sonne geweckt, die von einem knallblauen Himmel die Landschaft in ein gleißendes Weiß taucht. Das schönste Wetter seit langem. Auch Keito wird von unserer guten Laune angesteckt und läuft heute besonders gut mit.

Die Landschaft wird zerklüfteter, die Berge höher, schroffer und schöner. Die Sicht in leicht mit Birken bewachsene Täler ist ausgezeichnet. Auf 1100 Metern legen wir ein Sonnenbad ein. Es ist windstill, wir können dieses Wetter in vollen Zügen genießen. Es ist hier zum ›verlie-

Rentierfell als Fensterersatz

ben‹. Einer der seltenen Augenblicke im Winter, der mich die Schönheit dieser unerhörten Natur ohne Einschränkungen genießen läßt, indem mich die Kälte nicht so schnell vertreibt.

Aber bald sind die Skier wieder untergeschnallt und es geht weiter gen Norden. Die Piste ist fest und wellig, der Wind hat die eigenartigsten Formen in dem Schnee gebildet. Manchmal riffelig wie Sandstrand an einem ruhigen Meer, manchmal schanzenartig verfestigte Schneewehen. Nicht immer gelingt es, die Ski anstandslos dorthin zu lenken, wo man möchte.

An einer recht modernen und komfortablen Hütte wollen wir es für heute genug sein lassen, als wir in der Ferne Motorengeknatter hören. Wie aus einer fremden Welt werden die Geräusche lauter, bis endlich zwei Motorschlitten vor uns stehen. Etwas schwerfällig erhebt man sich von diesen Fahrzeugen. Dick eingepackt sehen ihre Bewegungen steif aus, rudernd bewegen sie sich auf uns zu. Es ist ein Polizist und einer von der Bergaufsicht. Sie kontrollieren hier dieses Gebiet nach unerlaubter Jagd und nach grünen Grenzgängern. Uns fragen sie natürlich zuerst nach dem Hund. Zum Glück fällt mir der Beweis der norwegischen Herkunft Keitos nicht schwer und so entspannt sich die Lage. Wir können hier nicht übernachten, denn diese Hütte ist ihre, aber wenn wir fünf Kilometer ihren Spuren folgen würden, wäre da noch eine Hütte, und die ist offen. So dauert es nicht lange, bis wir uns auf ihrer Spur der beschriebenen Hütte nähern. Aber irgendwie sind heute fünf Kilometer besonders lang. Es dämmert schon und die Hütte will sich immer noch nicht blicken lassen. Unsere Abstände untereinander werden immer größer, in der hereinbrechenden Dunkelheit können wir uns kaum noch erkennen. Schließlich zwingt uns das immer schwächer werdende Restlicht zu einer Entscheidung. Entweder wir finden diese Hütte in den nächsten fünfzehn Minuten oder wir müssen unser Zelt aufbauen. Carsten gibt nicht so schnell auf, als ich ihm einen ebenen und windgeschützten Zeltplatz zeige. So einigen wir uns, daß er sich in Rufweite noch ein wenig umschaut, vielleicht entdeckt er diese Hütte ja doch noch. Inzwischen kommt der Rest der Crew abgekämpft heran, die Rucksäcke fliegen unter Seufzern der Erleichterung zu Boden. Dann hören wir Carsten rufen. Aber was da herüberschallt, ist nicht zu verstehen. Hat er die Hütte gefunden oder nicht? Wir warten lange Minuten, in denen wir regelmäßig pfeifen und Carsten so den Weg zu uns weisen. Endlich hören wir seine Ski im Schnee knirschen. Er hat die

Die Fellschuhe der Samen

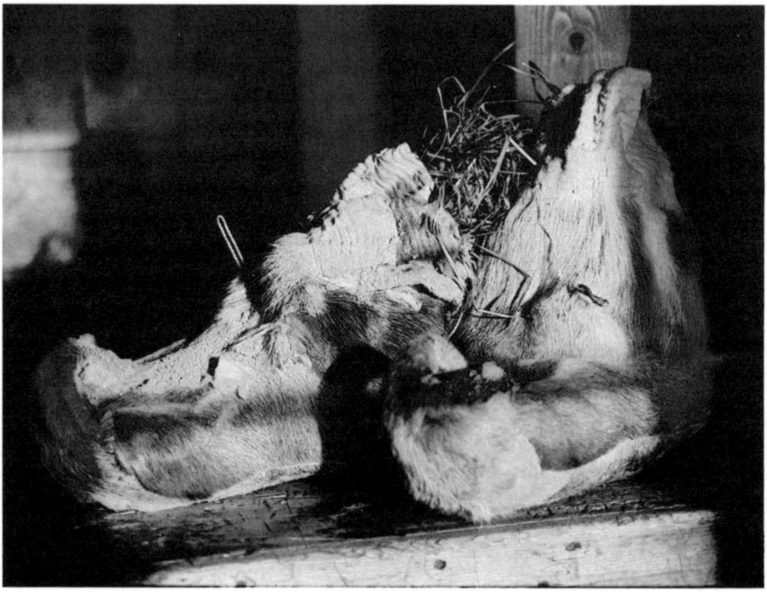

Hütte gefunden, wie er atemlos hervorbringt. Sichtlich erleichtert werden sich die Rucksäcke wieder auf den Rücken geschnallt und wir setzen uns hinter Carsten in Richtung der Hütte in Bewegung. Sie empfängt uns genauso rußgeschwärzt und kärglich, aber bequemer als im Zelt ist es allemal.

Über Nacht kommt ein kräftiger Wind auf, der um die Hütte und im Schornstein pfeift und knattert. Unser Frühstück verlängert sich um die Frage des Verbleibens oder Weiterlaufens. Aber nicht lange, denn wir hören die beiden Schneeskooter heranknattern und wenig später poltern die Aufseher recht vereist in unsere Hütte. Oben an der anderen Hütte soll der Teufel los sein, man sieht kaum noch zehn Meter weit. Uns reicht es hier aber schon. Scheinbar gefällt es den beiden nicht so recht, wenn wir hier oben in den Bergen bleiben. Man hört ja schließlich genug von verunglückten Touristen, die mit dem Wetter nicht umgehen können. So überreden sie uns, dem Tal bis zum See Guolasjavrre zu folgen. Dort würden wir eine Hütte finden, in der wir sicherer aufbewahrt wären, als hier. Außerdem führt von diesem See eine zwanzig Kilometer lange Straße in bewohnte Gebiete. So beschließen wir, aufzubrechen. Der Wind kommt von hinten, was die Sache ungemein erleichtert. Trotzdem wird uns auch dick eingemummt nicht so recht warm. Aber es ist schon wesentlich angenehmer, vorbereitet in einem Sturm zu laufen, als von ihm überrascht zu werden. Man zieht sich entsprechend an und nimmt ihm so die Schärfe. Langsam geht es bergab, wir bleiben dicht zusammen, denn die Gefahr, daß einer von uns verloren geht, ist zu groß. Bald erreichen wir den See, dessen Eis zum größten Teil blankgefegt ist. Es schillert in allen möglichen Abstufungen von Weiß über Türkis zu Blau. Weiße, tiefe Risse durchkreuzen den Panzer. Wir schliddern mehr, als wir gehen. Selbst Keito geht wie auf Eiern. Plötzlich stehen wir vor einem Berg aus Eis. Wie eine erstarrte Dünung sehen wir jetzt überall große und kleine Eisberge. Dieser See muß ein Stausee sein, dessen Wasserspiegel im Winter sinkt und das Eis über die Unebenheiten des Grundes wölbt. Es sieht gespenstisch und unnatürlich aus.

Am anderen Ufer zeichnen sich bald einige Hütten ab, die langsam größer werden. Glücklich erreichen wir die Hütte, die eher einem Bauwagen gleicht. Begeistert sind wir von ihr nicht. Die elektrische Beleuchtung und die sterile Einrichtung passen zwar zum Stausee, stellen aber für uns einen Stilbruch dar.

Seit einigen Tagen schon hat Keito unter seiner Schnauze eine Ver-

Auf blankgefegtem Eis

dickung, von der ich nicht weiß, woher sie rührt. Körperlich ist er in guter Form, nur bereitet ihm das Gähnen Schmerzen. Sehr zögerlich reißt er sein Maul auf und auch den Schnee schüttelt er nicht mehr so schwungvoll wie früher aus dem Pelz. Ich weiß nicht, wie ich das einschätzen soll und tippe auf Zahnentzündung.

Mit Speck fängt man Mäuse, gewinnt aber auch zügig Keitos Vertrauen. Ich locke ihn in die Nähe der elektrischen Lampe, klemme ihn zwischen meine Beine und sperre ihm das Maul auf. Er läßt das recht gutmütig über sich ergehen. Aber weder am Zahnfleisch noch unter der Zunge kann ich eine Entzündung oder ungewöhnliche Rotfärbung erkennen. Es kann also keine Entzündung an den Zähnen sein. Wir sind ratlos.

Eine Kote der Samen

Wieder beruhigt sich das Wetter über Nacht und wir laufen in südöstlicher Richtung gegen Kautokeino. Der Wind hat die Hänge über weite Teile freigefegt. Über nackten Fels und dem hartgefrorenen Tundraboden müssen wir die Pulka tragen. Nach Stunden mühevollen Aufstiegs bekommen wir endlich wieder Schnee unter die Skier. Aber die Freude währt nicht allseitig. Rainers Bindung reißt zum vierten Mal aus und nun wird es langsam schwierig, noch eine gute Befestigungsmöglichkeit in der Mitte des Skis zu finden. Vom Scheitel eines Kammes, ganz in der Nähe des Raisduoddarhaldde, Finnlands höchstem Berg, können wir in die Weite nach Osten schauen. Jetzt liegt die schroffe Landschaft hinter uns und vor uns erstrecken sich nur noch leicht hügelige Gebiete, sanfte Steigungen und Täler, dazwischen die dunklen Flecken niedrigen Birkenbewuchses.

Auf der besten Abfahrt der Etappe, glatter Schnee und nicht zu steil, jagen wir abwärts. Tagelang geht es mehr oder weniger dicht am Grenzzaun entlang. Die Rentierherden werden immer zahlreicher, wir nähern uns dem Zentrum der norwegischen Samen. Meist benutzen wir die Hütten, die hier in Tagesabständen am Grenzzaun stehen.

Vor der Durchquerung des Tales, in dem die Njallajokka fließt, lädt uns eine Kote zur Übernachtung ein. Schnell ist in der Zeltmitte ein Feuer gemacht, das zwar eine wohlige Wärme verbreitet, aber auch unmäßig viel Rauch erzeugt. Die liegende Stellung erweist sich als die vorteilhafteste, mir wird's behaglich in diesem Heim. Ich kann so stundenlang liegen, die Teekanne summend am Feuer und träumend in die Flammen starren. Feuer ist faszinierend. Es gibt nicht nur Wärme ab, es ist viel mehr. Es ist lebendig, fesselt den Blick und die Gedanken. Läßt Gespräche verstummen – die Fantasie, die Träume und die Erinnerungen schweifen. Ich habe noch nie Menschen so andächtig und still über Dinge nachdenken gesehen, wie an einem offenen Feuer. Scheinbar haben die Flammen etwas ganz besonderes an sich, etwas, was die Entspannung des Geistes und des Körpers zur Folge hat. Selten auch, daß diese Stille beim Feuer jemanden verletzt oder beunruhigt, offenbar werden alle von den Flammen gleichsam inspiriert.

Aber mit dieser Ruhe ist es aus, als ich neuen Schnee für einen Tee holen will. Keito, vor dem Zelt festgemacht, steht inmitten von über und über mit Blut besprenkeltem Schnee. Mir fährt ein jäher Schreck durch die Glieder. Jemand muß ihm die Kehle durchgeschnitten haben, denn sein Fell ist am Hals vom Blut dunkelrot gefärbt. Aber Keito guckt mich an, als wäre nichts geschehen. Ich gehe auf ihn zu und betaste ihn. Ich

fühle nur blutdurchtränktes, kaltes Fell, aber keine Wunde. Erst bei näherem Hinschauen sehe ich eine kleine Öffnung am Unterkiefer. Als ich draufdrücke, spritzt es rot in den Schnee. Ich kann es gar nicht fassen, daß Keito nichts spürt. Inzwischen kommen die Drei aus der Kote, angelockt durch meine wohl recht ungewöhnlichen Äußerungen. Auch sie bekommen einen Schreck, Keitos Umgebung gleicht einem Opferplatz. Langsam dämmert es mir. Das Blut kann nur aus der Verdickung am Unterkiefer kommen, die in den letzten Tagen über die ganze rechte Gesichtshälfte angeschwollen war. Das muß ein riesiger Bluterguß gewesen sein, denn jetzt ist sein Gesicht erheblich abgeschwollen, er sieht fast wieder normal aus. Doch diese Vermutung beruhigt mich nicht so recht, immer wieder gucke ich nach ihm. Erst als ich ihn am anderen Morgen noch lebend sehe, fallen alle Zweifel von mir. Mich wundert vor allem, daß er den Schlitten auch weiterhin so zieht, als sei nichts geschehen. Er hat kein ausgeprägtes Selbstmitleid.

Vom Tal aus führt eine Skooterspur in unsere Richtung, auf der es sich gut weiterläuft. Gerade als wir uns mit der Richtung der Spur näher auseinandersetzen und nicht mehr einig sind, ob sie nicht vielleicht doch zu weit südlich verläuft, kommen zwei Motorschlitten unter dem üblichen Lärm auf uns zu. Zwei bis zur Unkenntlichkeit in dicke Kleidung eingewickelte Gestalten fragen uns nach dem woher und wohin und bejahen unsere Frage, ob denn die Spur nach Kautokeino führen würde. Sie soll einen kleinen Umweg von zehn Kilometern machen, aber ausnahmslos durch schöne Gegenden führen. So entschließen wir uns, ihr zu folgen. Der Kompaß und die Karte werden im Rucksack verstaut und so geht es weiter. Immer öfter begegnen wir Rentierherden und kleinen Hütten der Samen, die sich hier in niedrigen Birkenwäldern verstecken.

Bei Sonnenuntergang finden wir einen ebenen Platz für unser Zelt, der Schnee ist fest und das Zelt steht gut. Das Thermometer sinkt auf −19°C, der Himmel ist sternenklar und kein Lüftchen rührt sich. Mein Zelt ist eigentlich nur für drei Personen ausgelegt, aber zum Essen und Klönen findet jeder einen Platz. vor allem wird es im Zelt bald merklich wärmer, wir sind uns selbst Heizung genug. Mit zunehmender Müdigkeit beginnt unter den Dreien ein kompliziertes Ausloseverfahren, wer denn im Biwaksack draußen schlafen soll. Zum Glück bin ich als ›Zeltherr‹ von dieser Lotterie ausgeschlossen, bequem ist der Sack bestimmt nicht. Diesmal ist Rainer der Auserkorene.

Am nächsten Morgen sieht er recht unausgeschlafen aus. Der Sack schützt erheblich weniger vor der Kälte, ist außerdem eng und der Schlafsack wird trotz Goretex feucht.

Gegen Mittag werden wir unruhig. Der Sonnenstand zeigt uns die ganze Zeit, daß wir zu weit südlich gehen. Auch der Kompaß sagt dasselbe, aber schließlich können die Skooterspuren nur nach Kautokeine führen, denn auf der Karte ist weit und breit kein anderes Städtchen auszumachen. So laufen wir weiter durch den lichten Birkenwald, bis wir am frühen Nachmittag an der kleinen Samensiedlung Guatteluobbal stehen.

Kleine Hütten stehen hier verloren in der Landschaft, Holzgestelle für

Rentierfelle und das Dörrfleisch sowie einige Brennholzstapel sind die einzige Zierde. Von einem Häuschen kläfft uns ein Köter entgegen. Aus dem Schornstein quillt Rauch, bald öffnet sich die Tür. Ein kleiner älterer Same stapft heran, sein Lächeln enthüllt Zahnlücken. In einem nicht leicht zu verstehenden Dialekt gibt er uns den Namen der Siedlung preis und deutet mit einem Finger auf eine Stelle der Karte, die bei uns Stirnrunzeln und Kinnreiben auslöst. Wir sind viel weiter südlich als angenommen. Der uns angeratene Umweg ist beträchtlicher, als wir je erahnt hätten. Der freundliche Mann zeigt uns noch den Weg nach Kautokeino, der unschwer zu erkennen ist. Die Skooterspur wird breiter und ist mit Birkenstecken gesäumt, damit man ihn auch nach größerem Schneefall nicht verfehlen kann. Im Sommer ist diese Siedlung nur über einen schmalen Pfad zu erreichen. Kein Auto kann in den frostfreien Monaten durch die Sümpfe gelangen.

Wir überschlagen die Strecke bis Kautokeino. Ungefähr neun Stunden werden wir benötigen. Da es überwiegend bergab geht und der Weg von den Motorschlitten festgefahren ist, können wir vielleicht eine Stunde sparen. Ich plädiere dafür, irgendwo am Wegesrand gegen Abend das Lager aufzuschlagen. So wären wir morgen, Samstag nachmittag, in Kautokeino, wo die Drei rechtzeitig den Bus erreichen können. Der geöffnete Supermarkt am morgigen Vormittag erweist sich als der stärkere Magnet. Die Drei wollen auf jeden Fall heute noch bis kurz vor Kautokeino, um morgen früh in das Paradies Supermarkt einfallen zu können. Ich kann das zwar gut verstehen, verspüre aber absolut keine Lust, mich jetzt auf einen Gewaltmarsch von vierzig Kilometern zu begeben. Die Zeiten, in denen ich den Leckereien der Supermärkte entgegenfieberte, sind längst vorbei. Städte oder Dörfer sind nur noch Etappenziele, mehr nicht. Aber was soll ich machen? Schließlich haben wir nur ein Zelt und so muß ich mich der Mehrheit beugen.

Spätestens als wir an zwei Koten vorbei kommen, in denen ich gern das ganze Wochenende verbringen würde, bereue ich den Entschluß. Es gibt aber keine andere Möglichkeit, denn ich kann die Drei nicht ohne Zelt weiterlaufen lassen.

Langsam hüllt die Dämmerung die Landschaft in ein sehr diffuses Licht. Unsere Gruppe zieht sich mehr und mehr auseinander. Erst an einem verendeten jungen Rentier am Wegesrand treffen wir alle wieder zusammen und freuen uns über Keitos Appetit. Allzuviel haben die Füchse für ihn nicht übriggelassen, aber immer noch genug, um seinen

Magen zu füllen. Das muß verhindert werden, sonst läuft er keinen Kilometer mehr weiter. So laden wir ein gutes Stück von dem Tier auf die Pulka und vertrösten Keito auf unsere Ankunft in Kautokeino. Nur schwer will er das einsehen und läßt sich kaum von dem Kadaver wegziehen. Ich kann ihn gut verstehen und er tut mir in der Seele leid. Aber es hilft nichts.

Es wird immer dunkler, die Spur ist kaum noch zu sehen. Jetzt ist Keito eine doppelte Hilfe. Er wittert sicher die Spur und wir brauchen ihm nur zu folgen. An meinem Fahrstil erkennen die Nachfolgenden die Unebenheiten und können sich darauf einstellen. Schemenhaft und kaum zu erkennen unterqueren wir eine Stromleitung, wir kommen bewohnten Gegenden näher. Obwohl Keito vorn immer langsamer wird, reißt unsere Gruppe ständig weiter auseinander. Oft müssen Carsten und ich ewig warten, bis der letzte bei uns eingetroffen ist. Irgendwann hat Keito keine Lust mehr. Er legt sich hin und läßt sich durch kein freundliches Zureden zum Aufstehen bewegen. Ich fühle mit ihm. Wozu das Ganze? Nur wegen des dämlichen Supermarktes? Oder auch um zu Hause von diesem merkwürdigen Gewaltmarsch prahlen zu können?

Bodö bei Nacht

Salten

Oben: Nyksund auf den Vesteraalen, mein Quartier während der Polarnacht

Die Polarnacht geht ihrem Ende entgegen

Myre

Auf festgewehtem Schnee

Blankgefegtes Eis

Keito

Ich fühle mich um diese Strecke und den heutigen Abend betrogen. Von der Landschaft bekomme ich nichts mit und schließlich bin ich nicht unterwegs, um möglichst schnell anzukommen, sondern um hier zu sein.

Carsten läuft nun voran und das ermuntert Keito, der ihm folgt. Die Spur führt auf das Eis des Kautokeinoelva, die Strecke wird eben. Plötzlich bleibt Carsten stehen. Vor ihm gurgelt in einem Loch das Flußwasser. Selbst Fröste bis an die −50°C haben den Fluß nicht überall gefrieren lassen. Das Risiko des Weiterlaufens wird unkalkulierbar, gerade wenn es nicht gelingt, zusammenzubleiben. Da stellt sich dann nicht die Frage, ob wir denjenigen, der in ein solches Loch rutscht, rausziehen können, sondern ob wir das überhaupt bemerken würden! Zum Zeltaufbau ist es viel zu dunkel und so beschließen wir, bei der nächsten Hütte oder Scheune zu übernachten. Bald kommt eine Brücke in Sicht, wir müssen uns unweit von Kautokeino befinden. An einer jetzt parallel zum Fluß führenden Straße hoffen wir auf eine Behausung. Und wirklich, dunkel zeichnet sich ein bauwagenähnliches Gebilde ab, das sich bei näherer Betrachtung als offen erweist. In der Nähe scheint ein Haus zu sein, aber keiner hat Lust, jetzt noch mitten in der Nacht um Erlaubnis für die Übernachtung zu bitten. Zwischen allerlei Gerümpel in dem Wagen machen wir es uns bequem. Während sich Keito auf sein Stück Rentier stürzt, schieben wir uns ein Müsli und ein paar Energiewürste zwischen die Zähne. Auf den Gesichtern sind die Anstrengungen des heutigen Tages abzulesen. Keiner sagt ein Wort und ich habe die Lust auf eine Auseinandersetzung verloren. Rainer zittert leicht und wie er am nächsten Morgen erzählt, ist ihm erst nach einigen Stunden im Schlafsack warm geworden. Er hatte sich schlicht und einfach eine Unterkühlung zugezogen.

Keine Stunde brauchen wir auf dem Fluß, bis die ersten Häuser des Ortes zu sehen sind. Eigentlich sind das eher Hütten, die sich, unter Schneemassen begraben, am Ufer verteilen. Daß wir in einem Samenort sind, springt ins Auge. Rentierfelle sind zum Trocknen an die Holzwände der Häuser genagelt, vor jedem Haus kläffen die Lappenspitze herüber und der Verkehr besteht zu einem großen Teil aus Motorschlitten. Überall sieht man Trachten der Samen. Weitaus die Mehrzahl der Menschen halten an ihren Traditionen fest, was sich unter anderem in ihrer bunten Kleidung widerspiegelt. Fast jeder trägt hier die bunte Bluse (Kofta) in den Nationalfarben der Samen: blau, rot und gelb. Die Männer tragen an ihren tiefhängenden Gürteln ein Messer, oft sieht man noch die Fellhosen, die aus Streifen des Beinfelles der Rentiere geschneidert sind. Diese Kleidung ist nicht nur schön, sondern auch praktisch – wasserabweisend, warm und winddicht. Auf diese Fellhosen werde ich geradezu neidisch. Auch die Fellschuhe, die mit Gras ausgepolstert werden, überzeugen mich viel mehr als meine zivilisierte Outdoorkleidung. Überall wird Samisk gesprochen, ich verstehe hier überhaupt nichts mehr. Diese Sprache hat keine Verwandtschaft mit dem Norwegisch, eher gibt es Parallelen zum Altfinnisch.

Die Samen kamen vor mehr als 3000 Jahren als asiatisches Halbnomadenvolk nach Nordskandinavien. Dort haben sie sich mit den vorher eingewanderten Finnen vermischt. Erst zum Beginn des 17. Jahrhunderts begann die intensive Rentierhaltung, wie sie in unseren Augen typisch für dieses Volk ist. Vorher lebte man in erster Linie von der Jagd und dem Fischfang. Die Rentiere wurden nur als Schlittentiere und als Jagdköder benutzt. Als auf dem europäischen Markt die ersten nordamerikanischen Pelze auftauchten und den Preisverfall einleiteten, waren die Samen gezwungen, nach Auswegen aus ihrer ökonomischen Krise zu suchen. Der Pelzhandel brachte nicht mehr genügend ein, und vom immer mehr schwindenden Wildbestand konnte man sich nicht mehr ernähren. So wurde das ausschließliche Nomadenleben zu einer Lebensform, während der Großteil der Samen auf fruchtbarem Boden die Landwirtschaft und/oder den Fischfang beibehielten. Diese Küsten-, Fischer- und Flußsamen waren schon viel früher eng mit der südskandinavischen Zivilisation in Berührung gekommen. Deswegen sieht man heute außerhalb der Hochburgen Kautokeino und Karasjok nur wenig von der Kultur der 20000 in Norwegen lebenden Samen.

Ich komme mir hier eigenartig und fremd vor. Es ist nicht nur die Sprache. Ich spüre geradezu das reservierte Verhalten der Samen gegenüber Fremden. In den folgenden Wochen gewinne ich immer mehr den Eindruck, daß man Fremde nicht zu nah an sich herankommen lassen will, als ob man von ihnen nicht gestört werden will.

Nun, ich kann das verstehen, denn die Erfahrungen der Samen mit den datså, den Fremden, waren überwiegend schlechte. Die ersten der datså, also diejenigen, ›die auf dem Pferd kommen‹, so die korrekte Übersetzung, waren Steuereintreiber der südlichen Regierungen, alsda waren Norweger, Dänen, Schweden, Finnen und Russen. Die dreihundertjährige Steuereintreibung zerstörte grundlegend das Vertrauen der Samen in die Gerechtigkeit eines Staates. So entwickelte sich ein abgrundtiefes Mißtrauen gegen alles Fremde, denn der Fremde war gleichzeitig der Feind.

Ein besonders dunkles Kapitel war das Jahr 1944. Die deutsche Wehrmacht befand sich auf dem Rückzug aus der Sowjetunion und machte mit ihrer ›Taktik der verbrannten Erde‹ die gesamte Finnmark dem Erdboden gleich. Nichts brauchbares, kein Haus, keine Straße oder Brücke, keine Fabrik und keine Nahrung sollte den Sowjets in die Hände fallen. So wurden neben Kautokeino alle anderen Dörfer und Siedlungen systematisch abgebrannt, Brücken gesprengt und die sowieso karge Ernte vernichtet. Mit Maschinengewehren mähte die Wehrmacht die Rentierherden nieder und man erzählt sich, daß die Vidda (Hochebene) nach Kadavern stank.

Ich bringe es einfach nicht fertig, die Menschen hier zu fotografieren, obwohl sie gerade in ihrer Kleidung sehr gute Motive abgeben. Lange fechte ich mit mir den Kampf um ein paar schöne Bilder aus, aber schließlich siegt doch der Respekt vor diesen Menschen, denen ich einfach nicht das Objektiv vor die Nase halten kann. Ich will nicht in deren Privatsphäre eindringen. Ich käme mir vor, wie der Besucher eines Zoos, nämlich gaffend und fotografierend. So bleibt die Kameratasche zu.

Mit neuen Lebensmitteln und Petroleum für den Kocher mache ich mich am Montag wieder auf die Socken in Richtung Karasjok. Es ist nach dem sehr kalten Wochenende, an dem die Temperaturen bis auf −26° C gefallen sind, regelrecht warm. Zwischen −1° und 0° C schwankt die Alkoholsäule. Kein Lüftchen rührt sich, die Sonne brennt herunter und ich laufe das erste Mal seit dem Herbst ohne den Anorak.

Gleich hinter dem Örtchen Avžže, in dem die Straße endet, geht es wieder in die Wildnis. Hinein in eine weite, flache Landschaft. Unendlich weit scheint sich diese Landschaft nach Osten und Norden zu erstrecken. Nur im Süden stehen flache Berge, die kaum höher als 500 Meter sind. Im Norden erstreckt sich das riesige Gebiet der Finnmarkvidda, das ich schon öfters in den vergangenen Sommern besucht habe. Nicht viel anders sieht es hier aus, nur ist alles mit einer dicken Schneeschicht bedeckt. Kein Sumpf oder See muß umgangen werden – sie sind jetzt noch nicht einmal wahrzunehmen. Und mit diesen Sümpfen und Wasserflächen sind auch die Milliarden von Mücken verschwunden, die uns im Sommer immer so zugesetzt haben. Ich freue mich wie ein Schneekönig, daß ich von diesen Biestern durch den Schnee getrennt bin und erinnere mich noch gut an meinen ersten Norwegen-Urlaub mit meinem Bruder. Es war gegen Ende Juni, als wir von der Küste in Alta nach Karasjok aufbrachen. Die ersten Tage herrschten noch Kälte und

Wind vor. Aber mit den ersten warmen Sonnenstrahlen und der einsetzenden Windstille wurden wir erbärmlich von den Mücken geplagt. Zwar hatten wir ein kleines Mückenölfläschchen mit, aber was half das! Sie gruben sich in meinen dicken Islandpullover und stachen durch das Hemd in die Arme, stachen durch die Kordhose, wählten sich in die Haare und sogen das Blut aus der Kopfhaut. Also zog ich mir bei bestem Wetter das Regenzeug an, denn da kamen sie nicht durch. Die Folge ist leicht zu erraten. Ich kam fürchterlich ins Schwitzen, das Mückenöl wurde vom Gesicht gespült. Nun hatten die Mücken dort ihren Zugang zu ihrem, aber auch meinem Lebenselixier.

Ich erinnere mich noch an die Abende im Zelt, an denen ständig Mücken gegen die Zeltwand flogen und uns einen leichten Nieselregen vortäuschten. Nun gut, man kann sich durch zweckmäßige Kleidung gegen die Mücken und Kriebelmücken wehren, aber eine Plage bleiben sie auf jeden Fall. Sobald der erste Frost, meist gegen Ende August, über der Tundra liegt, hat diese Plage schlagartig ein Ende.

Über Frost kann ich mich nun wahrlich nicht beklagen. Ich komme mehr und mehr zu der Ansicht, daß gerade die Gegend hier zu dieser Jahreszeit am schönsten ist.

»21. 3.: Heute bin ich bei herrlichstem Wetter, viel Sonne und nur leichtem Wind, der Skooterspur gefolgt. Zwar führte die Spur ein paar Grade zu weit südlich, aber was soll's. Die Bequemlichkeit geht vor, und

auf den Karasjokka beziehungsweise einem seiner Zuflüsse, würde ich auf jeden Fall stoßen. Keito geht jetzt immer voran, wir haben uns sehr gut eingespielt. Den ganzen Tag hatte ich mal wieder die allerbeste Laune, ich fühle mich hier ›sauwohl‹. Gegen Mittag kam ein Same auf einem Motorschlitten vorbei. Natürlich hatte er einen Hund mit, der nichts anderes zu tun hatte, als meinen abgelegten Rucksack zu bepinkeln. Ich möchte mal einen Lappenspitz sehen, der das nicht macht! Keito ist dagegen richtig zivilisiert!

Ich fragte den Lappen nach dem Wetterbericht, aber er hatte keinen gehört. Langsam muß ich annehmen, daß die nie einen hören. Er hatte übrigens einen großen, aus weißem Rentierfell genähten Poncho um. Ein Schmuckstück sondergleichen. Vielleicht hätte ich ihn doch fragen sollen, ob er mir ein Foto gestattet. Aber ich komme mir bei solchen Fragen einfach zu dämlich vor. In derartigen Situationen habe ich immer ein Bild vor Augen, wie in einem kleinen afrikanischen Dorf Weiße aus einem Reisebus hervorquellen, Süßigkeiten und Geldscheine verteilen und dann auch noch die ›ach so süßen Kinder‹ ablichten. Ekelhaft!

Bald verließ ich die Skooterspur und bin zwecks Orientierung auf eine Anhöhe gestiegen. Von dort oben wurde mir eine fantastische Aussicht zuteil: Leicht bewachsene Flußtäler durchschneiden die endlos weiße Landschaft, die leicht wellig am Horizont verschwindet. Alles liegt in einer winterlichen Ruhe und Friedlichkeit da, daß ich mich von diesem Bild nur schwer losreißen konnte. Dann entdeckte ich durch das Fernglas ein paar Hütten, fast am Fuße des Berges, auf dem ich stand. Von Norden her versorgt eine recht windschiefe Leitung die Hütten mit Elektrizität. Als ich gerade weiterlaufen wollte, kam ein Jugendlicher auf einem Motorskooter heran. Natürlich wieder mit einem Hund auf dem Tank und obwohl ich mir fest vornahm, die Pinkelei zu verhindern, nutzte der Köter eine unachtsame Sekunde von mir aus. Der Rucksack, der neben mir liegt, fängt langsam an zu stinken.

Der Same benutzte den Berg, genauso wie ich, der guten Aussicht wegen. Er suchte seinen Renflokk (Herde), die wir aber nicht finden konnten. Darüber schien er aber keineswegs beunruhigt zu sein. Er wohnt nur im Winter hier, denn im April/Mai werden die Tiere an die Küste getrieben. In dieser Zeit lebt er in Alta, bis sich die Herde wieder in das schneeärmere Binnenland zurückzieht...«

In den nächsten Tagen komme ich immer tiefer. Der Höhenunterschied ist kaum bemerkbar, nur die immer kräftiger wachsenden Birken und der losere Schnee zeigen an, daß wir tiefer kommen. Die Fortbewe-

gung wird anstrengend, das Unterholz dichter. Keito hat wieder schwer zu kämpfen, aber ich helfe ihm, wo es nötig ist.

Endlich erreichen wir den Fluß Karasjokka, auf dem zwar der Schnee genauso locker ist, aber ohne das verfilzte Unterholz ist die Mühsal nicht ganz so groß. Diese Erleichterung währt nicht lange. Plötzlich versinkt mein linker Skistock in Wasser. In nur ein paar Sekunden saugt sich um mich herum der Schnee mit dem Wasser voll, bis wir in einer Pfütze stehen. Schnell haste ich zur Flußmitte, wo mir die Sache erheblich geheurer scheint. Nur Keito, der hier in dem tiefen Schnee ohne Reepschnur läuft, steht da wie angewurzelt. Ich rufe, brülle. Aber er steht nur da und guckt herüber, als wolle er sagen: »Mach nicht so einen Zauber, Alter.« Ich sehe schon die Pulka samt Hund im Eis verschwinden, werde zunehmend nervöser, laufe endlich auf den Hund zu, um den sich inzwischen auch eine Wasserlache gebildet hat. Ich packe das

Zuggeschirr und zerre den Hund in meine Richtung. Er stemmt sich mit aller Kraft dagegen. Bei jedem Ruck sinke ich tiefer in den Eisschlamm. Mein immer lauter werdendes Schimpfen schüchtert ihn schließlich nach ewig währenden Minuten ein und er gibt seinen Widerstand auf. Endlich stehen wir auf sicherem Eis. Es ist manchmal zum schreien, wie dumm dieser Hund ist. Er hat überhaupt kein Gespür für Gefahren und wenn er eine wahrnimmt, reagiert er nicht. Die Ski und die Pulka sind mit Eis überzogen und gleiten nicht mehr. Mühselig befreie ich die Kufen von dem störenden Eis.

Langsam dämmert mir, wie das Wasser dort hingekommen ist. Ein kleiner Fluß mündet hier in den Karasjokka und hat durch geborstenes Eis Wasser über die Eisdecke gespült. Also bedeutete dies keine Gefahr, denn unter dem Wasser ist noch Eis genug.

Noch häufig gerate ich in solche Wasserlachen oder Schneematschseen auf dem Eis. Langsam lerne ich die Gefahren richtig einzuschätzen, obwohl mir die Fortbewegung auf unbekanntem Eis auch zu dieser Jahreszeit nie ganz geheuer ist. Es gibt eben Stellen, an denen das Wasser so schnell fließt, daß es dort niemals zufriert, über denen sich aber eine dünne Schneedecke bilden kann. Solche Löcher trifft man am ehesten an der Außenkurve einer Flußbiegung, an einer Mündung und an großen Felsen im Fluß. Genauso schlecht kann sich Eis bilden, wenn ein relativ breiter Fluß schmäler wird und sich dadurch die Wassergeschwindigkeit erhöht. Am sichersten fühle ich mich auf dem Eis, wenn die Einheimischen selbst den Fluß als Weg benutzen, denn sie wissen am besten, wo das Eis trägt oder brüchig ist. Grundsätzlich ist man auf festem Grund am Flußufer besser aufgehoben als auf unbekanntem Eis.

Wieder treffe ich auf Skooterspuren, die sich hier kreuz und quer durch die Landschaft pflügen. Wie Straßen verbinden diese Spuren die abseits gelegenen kleinen Winterhütten der Samen, die manchmal mehrere hundert Kilometer voneinander entfernt liegen. Oft hängen an den Skootern riesige Schlitten als Anhänger, hochbepackt mit einem geschlachteten Ren oder anderen Lebensmitteln. Manchmal sitzt auch die ganze Familie drauf, anscheinend auf dem Weg zum Einkaufen oder zum Besuch einer verwandten Sippe.

Im Sommer ist in diesem sumpfigen Gelände kein Fortkommen mehr. Nur noch zu Fuß oder mit dem Motocrossrad käme man durch den Morast. In dieser Zeit sind die Hütten verlassen, die Samen leben an der Küste.

Die Temperatur sinkt wieder auf −22°C, aber die Sonne – wenn sie

Bäiyasgjedde besteht nur aus einer Kirche, einem Grab und einer Fjellstua

scheint – ist um die Mittagszeit dennoch spürbar warm. Sie trocknet bereits den Schlafsack und das feucht gewordene Zelt.

Endlich stoße ich an der Mündung des Fielbmajokka in den Karasjokka auf eine Skooterspur, die nach Karasjok geht. Sie scheint eine Art Hauptstraße zu sein, denn an der Seite ist diese Strecke mit langen Birkenstecken markiert. Verkehr in unserem Sinne herrscht hier allerdings nicht. Mehr als zwei Motorschlitten am Tag kommen selten vorbei. Bald treffe ich seit nunmehr drei Wochen auf die ersten Kiefern. Der Wald wird dichter und höher. Laut ratternd kommt ein Skooter von hinten angebraust. Ein uralter Same sitzt am Lenker, hinten auf dem Anhänger seine Frau, die mich über ihren zahnlosen Mund freundlich anlacht. Neben ihr liegt ein frisch geschlachtetes Ren, dessen Kopf seitlich vom Schlitten baumelt. Der Motorschlitten selber hat sein Rentenalter offensichtlich überschritten. Die abgebauten Seitenteile enthüllen seine Eingeweide, wohl um die ständig anfallenden Reparaturen ohne große Umstände ausführen zu können. Wieder kämpfe ich mit mir und einem möglichen Foto, werde aber aus der Zerrissenheit von einem Redeschwall aus norwegischem Dialekt und Samisk geholt. Schließlich erfahre ich, daß Bæivašgjedde ganz in der Nähe liegt und schon brausen die beiden wieder los. Keito zieht mich den Rest des Weges, ihm ist das geschlachtete Rentier in die Nase und Sinne gestiegen.

Zwischen den Baumwipfeln lugt der kleine Kirchturm von Bæivašgjedde hervor. Hier, mitten in der Wildnis, noch ganze drei Tage von Karasjok entfernt, haben Missionare eine Minikirche gebaut, die jetzt einsam und verlassen am Karasjokka steht. Ein paar Schritte weiter liegt die staatliche Fjellstue, die für jedermann offensteht. Dazwischen entdecke ich ein kleines Kreuz im Schnee, ein altes Grab. Und damit ist Bæivašgjedde vollständig aufgeführt – ein Unikum in einsamer, abgeschiedener Wildnis.

Die Hütte kommt mir wie gerufen. Zwei Tage Pause sind nötig, in denen ich mich am warmen Ofen räkel. Hier in dieser Wärme entfaltet sich um mich herum ein doch etwas strenger Geruch, der mich an die Körperhygiene mahnt. Auch meine Kleidung hat eine Wäsche dringend nötig.

Gut ausgeruht und sauber mache ich mich wieder auf den Weg nach Karasjok. Es ist wieder wärmer geworden, nur einige Grade unter Null zeigt die Alkoholsäule an. Schneewolken verhängen den Himmel, ab und zu schneit es und geht auch schon mal in ein Gestöber über. Der

Fluß wird immer breiter. Es wäre bei diesem Wetter schwer, die einmal verlorene Skooterspur wiederzufinden. Aber Keitos Nase ist unschlagbar, er verliert selbst die unter Schnee begrabene Spur niemals. Die behäbigen Kiefern, die zwischen dem vorherrschenden Birkenwald aufragen, haben schwer unter der Schneelast zu tragen. Die Landschaft ist in eine unheimliche Stille eingehüllt, nur unterbrochen von den seltenen, abgehackten Rufen der Elstern und der Krähen. Ich bin gut gelaunt, zufrieden und mit der Umwelt in Einklang. Auch Keito freut sich, daß es endlich weitergeht, er wirft sich mit aller Kraft ins Geschirr. Nach spätestens zwei Tagen Pause wird es ihm zu langweilig.

Wir ziehen am ersten, aber verlassenen Bauernhof vorbei. Wenig später, am linken Ufer, liegen die Reste einer alten Goldgräbersiedlung im Schnee. Nur noch die Grundmauern und ein Schornstein ragen aus dem Weiß.

An dem Gold des Karasjokka haben sich schon viele versucht, reich ist niemand geworden.

Selbst heute noch waschen Touristen kleinste Nuggets aus dem Flußsand, aber es reicht auch nach wochenlanger Arbeit nicht einmal für einen nennenswerte Aufstockung der Reisekasse.

Kurz vor Karasjok kommt mir in rasender Fahrt ein zunächst nur dunkler Punkt entgegen. Ein Motorschlitten kann es nicht sein, kein Motor unterbricht die Stille. Des Rätsels Lösung läßt nicht lange auf sich warten. Bald steht ein hechelndes Gespann aus neun Sibirian Huskies neben mir. Dahinter steht auf dem Schlitten Hans Peter. Wir wechseln ein paar Worte, nebenbei mit den Hunden beschäftigt, die sich mit Keito bekanntmachen wollen und Gefahr laufen, sich in ein kaum entwirrbares Knäuel zu verheddern. Er lädt mich zu sich nach Hause ein und ich freue mich riesig, mal wieder unter Menschen zu sein.

So bleibe ich mehrere Tage in Karasjok und werde vom einen zum anderen Schlittenhundbesitzer weitergereicht. Ich erfahre viel von dem Umgang mit Hunden, vom Leben und Wohnen hier draußen, von den Problemen zwischen den Norwegern und Samen. Schließlich, zum Ende meines Aufenthaltes in dem Ort, lande ich bei Ellen und Sven Engholm. Sie wohnen abseits bei Karasjok in einem alten, kleinen Bauernhof. Achtzehn Grönländer nennen sie ihr eigen. Durch diese Hunde bestreiten sie hauptsächlich ihren Lebensunterhalt. Sie haben sich über Jahre hinweg ein sehr gutes Gespann aufgebaut. Wie gut, zeigt die Finnmarkskonkuranse, Skandinaviens längstes Schlittenhundrennen. Es geht über 400 Kilometer durch die Finnmarksvidda, bei jedem Wetter. Sven

Auf dem Flußeis des Karasjokka kommt mir ein Gespann entgegen

startet mit maximal zwölf Hunden und ist, zum Beispiel in diesem Jahr, nach 36,5 Stunden am Ziel. Das sind 7,5 Stunden früher als sein schwedischer Konkurrent.

Seit fünf Jahren gibt es dieses Rennen und Sven gewann bisher alle. Da ist es kein Wunder, daß seine Hunde begehrt sind und einen hohen Preis haben. Sven hat die wohl beste Ausbildung für Schlittenhunde gehabt, die möglich ist. Er hat während mehrerer Aufenthalte in Grönland das Handwerk von den dortigen Eskimos erlernt.

Im Winter bieten die beiden längere Schlittentouren und kürzere Ausflüge in den Finnmarken an, für den, der es sich leisten kann. Im Sommer verdingen sie sich als Bergführer. Dann tragen die Hunden auf ihren Rücken eine Art Satteltasche, in denen des Gepäck der Touristen transportiert wird.

Ich fühle mich bei den Engholms sehr wohl und mir fällt es schwer, weiterzulaufen. Aber für sie steht neue Arbeit auf dem Plan. Eine südnorwegische Reisegruppe hat sich für das Abenteuer Schlittenhund gemeldet.

AM ZIEL?

»24. 3.: ... Ich glaube, in Karasjok ist die endgültige Entscheidung gefallen, hier, in diesem Land Fuß zu fassen. Mich zieht nach Deutschland als solches nichts mehr. Natürlich habe ich eine große Sehnsucht nach Jutta und den anderen Freunden. Aber ich kann mir sehr gut ein Leben hier zusammen mit Jutta vorstellen. Das Entscheidende meines nunmehr festen Willens war die Erfahrung, daß hier viele nette Menschen wohnen, zu denen ich mir eine nähere Beziehung vorstellen kann. Somit haben sich meine Bedenken hinsichtlich der Sozialisierung in Luft aufgelöst ...«

Die Gedanken auf dem Grenzfluß Tana sind zukunftsorientiert und lange nicht so trübe, wie sich das Wetter zunächst zeigt. Meine Laune ist auf dem Höhepunkt und verweilt dort, als ich mich am dritten Tag der Etappe bei blauem Himmel und unter wärmender Sonne mit einem nördlichen Schlenker in die Berge absetze. Leicht verschwitzt erreichen wir die baumlose Hochebene, wenn diese Bezeichnung noch zulässig ist. Hoch ist es hier zumindest im Verhältnis zum Tana, aber eben vielleicht doch ein etwas verfehlter Ausdruck. Es gibt Kuppen, Gerade und die vielen tiefen Flußtäler in Nordsüd-Richtung zum Tana hin. Aber es ist

alles nicht schroff, eher wellig bis hügelig. Bedenkt man aber, daß zum Beispiel das Wiehengebirge im südlichen Niedersachsen eindeutig als Gebirge bezeichnet ist, so sollte man hier ruhig den Begriff Gebirge anstelle von Hochebene verwenden. Nur, welche Bezeichnung sollen dann Jothunheimen oder die Alpen tragen? Riesengebirge?

Wie dem auch sei, die Fortbewegung unter Umgehung der ›Gipfel‹ und Flußtäler stellt keine große Beanspruchung dar. Der uns entgegenkommende Wind treibt Flugschnee vor sich her und weht schnell unsere Spuren hinter uns zu.

Ich versuche, mich möglichst parallel zum Tana zu halten, lasse den Kompaß, außer zu einer morgend- und mittäglichen Peilung, in der Tasche. Auch die Karte bleibt dort, die hier mit ihrem 1:400000 Maßstab eher mehr Rätsel aufgibt als löst.

Rätsel gibt eines Tages Keito auf. Wir haben unser Lager unweit der Stelle aufgeschlagen, wo wir den Tana überqueren wollen, um der nach südost abknickenden Grenze zu folgen. Normalerweise macht Keito das Geräusch des Napffüllens verrückt. Er macht ein Heidentheater, jault, kläfft und winselt. Aber heute bleibt er ruhig und als ich ihm das eingeweichte Trockenfutter serviere, schnuppert er nur daran und legt den Rückwärtsgang ein. Das habe ich nie für möglich gehalten. Noch nicht einmal bei Eintritt des Todes, denn seine Freßgier würde ich einem Hauptinstikt zuordnen wollen.

Selbst nach einer Stunde, als ich noch einmal aus dem Zelt krieche, hat Keito von dem inzwischen gut durchgefrorenen Zeugs höchstens genippt. Wie ich auch meine Gehirnwindungen beanspruche, es bietet sich dafür keine Erklärung an, zumal er den Schlitten heute genauso wie sonst gezogen hat.

Erst am nächsten Morgen gibt er die Lösung bekannt. Auf den ersten hundert Metern hat er die Gewohnheit, sich seines Kotes zu entledigen, um dann die Pulka der Länge nach durchzuziehen. Doch diesmal kommt er dazu nicht so schnell. Denn in dem, was er da unter sich läßt, wimmelt es von weißlichen, vielleicht einen Zentimeter langen Würmern. Die muß er sich bei seinem ewigen Wühlen nach Nahrung im Schnee geholt haben. Jedesmal, wenn wir an eine Behausung in der Wildnis kamen, fing er wie verrückt an zu graben und fand auch Essensreste. Meist altes, gammeliges Fleisch, welches dies Samen in der Hoffnung, herumstreichende Füchse oder Hermeline würden das schon beseitigen, vor ihre Türen gekippt hatten.

Glücklicherweise ist der Tierarzt nicht weit. Ich erfahre, daß Keito in der dreißig Kilometer entfernten Stadt Tana ärztlich versorgt werden kann. Da diese Stadt (Dorf) nicht auf unserer Route liegt, lassen wir das Zelt und Gepäck am Ufer des Tana stehen und leisten uns den Luxus einer Busfahrkarte. Vier Tabletten werden mir als Erziehungsberechtigtem ausgehändigt und nach einem Besuch im Supermarkt warten wir wieder auf den Bus, der uns zurückbringen soll. Aber der kommt nicht, ich muß den Fahrer falsch verstanden haben. Heute fährt kein Bus zurück. Uns bleibt nichts anderes übrig, als uns auf die Socken zu machen. Spaßeshalber halte ich bei jedem vorbeirasenden Auto den Daumen raus, aber wer nimmt schon einen heruntergekommenen Typ samt Hund mit? Doch nach halber Strecke hält ein Geländewagen, der uns direkt bei unserem Lager vorfährt. Glück nenne ich das! Keito scheint die Autofahrt wenig bekommen zu sein. Das erste, was er nach dem Aussteigen macht, er kotzt, und zwar Würmer!

Die Tabletten erweisen sich als mörderisch, zumindest gegenüber den Würmern. Einen Tag später ist Keito wurmmäßig entsorgt.

Für die nächste und letzten beiden Etappen rechne ich mit jeweils sechs Tagen und kaufe dementsprechend weniger Lebensmittel. Darauf habe ich lange gewartet, denn nun ist der Rucksack schon zum Beginn der Etappe sehr leicht. Alle möglichen Gegenstände wuchte ich auf die Pulka, gerade noch der Schlafsack und ein wenig Kleinkram sind im Rucksack, der nun kaum noch zehn Kilo wiegt. Keito, der an Kondition in den letzten Monaten erheblich gewonnen hat, zieht nun ohne zu klagen an vierzig Kilo – zumindest die ersten Tage, denn jeden Tag verbrauchen wir ja Lebensmittel und Petroleum.

Vom Tana geht es wieder höher, aber selten über die Baumgrenze. Die Landschaft verändert langsam ihr Aussehen. Bald wird es so wellig, daß Vergleiche mit einer Achterbahn auf dem Jahrmarkt angebracht sind, wenn auch der Looping fehlt. Überall liegen dicke Felsbrocken,

An der sowjetischen Grenze

die den Spaß bei den Abfahrten trüben. Hier hat die letzte Eiszeit deutlich ihre Spuren hinterlassen. Aus diesem Gebiet zogen sich die letzten eiszeitlichen Gletscher aus Norwegen zurück und ließen diese Riesenwälle der Moränen zurück.

Das Wetter wird geradezu bombig und meine etwas sonnenverbrannte Nase läßt mich zum Sonnenöl greifen. Ich habe es überhaupt nicht eilig und so genieße ich ausgiebig die Sonne auf der Isomatte liegend. Aber sobald die Sonne am Horizont untergeht, wird es kalt. Über Nacht sinken die Temperaturen oft auf −15°C.

Aber unübersehbar sind die ersten schwachen Zeichen des sich bahnbrechenden Frühlings. Das Eis auf den Flüssen ist nicht mehr durchgängig begehbar. An vielen Hindernissen in den Flüssen fließt das Wasser nun offen und zum ersten Mal seit Monaten kann ich mir den Tee aus weit würzigerem Wasser brauen, als der Schnee hergibt. Die Luft erscheint mir nicht nur wärmer, sondern auch nicht mehr so steril zu sein. Ganz langsam mischt sich ein Geruch von Erde und Holz unter.

Jetzt ist auch die Zeit, in der die Norweger massenhaft zu den Skiern greifen. Wahre Scharen, von der Schulklasse bis zum Greis begegnen mir in den letzten Tagen. Zügigen Schrittes überholt man mich und blickt noch einmal zurück auf meine nicht ins Bild passende Aufmachung. Ich komme mir unter diesen betont sportlich gekleideten Menschen erheblich überausgerüstet vor und das scheinen die Blicke auch zu sagen. Abe die Ausrüstung ist eben für das unterschiedliche Vorhaben verschieden.

Am 17. April stehe ich an der sowjetischen Grenze bei Kirkenes. Das geographische Ziel ist erreicht. 3500 Kilometer haben mich meine Füße und drei Paar Stiefel bis hierhin getragen. Aber was heißt schon Ziel? Ist es nicht eher so, daß es im Erleben der Natur oder im Zusammengehen mit der Natur gar kein Ziel geben kann? Ist dieses Hineinwachsen in die Natur, das Wiedererlernen des Umgangs mit ihr nicht ein ewiger Prozeß, in dem es weder Beginn noch Ende geben kann?

Freude will am Ende dieser Tour nicht recht aufkommen. Sicherlich bin ich froh, nicht mehr den ganzen Tag den Rucksack auf dem Rücken zu haben. Doch ich bin nicht mehr dort, wo ich hinwollte. Ich werde das verlassen müssen, wo ich mich sehr wohl gefühlt habe, das Leben hier draußen.

Mir ist bei dem Gedanken an die ›Zivilisation‹ nicht wohl. Ich weiß nicht, wie und ob ich den Druck der ganz anderen Lebensweise in Deutschland verkrafte. Was erwartet mich dort? Wie werde ich auf all das nach diesen zwölf Monaten reagieren?

Das einzige, was mich nach Deutschland zieht, ist Jutta, auf die ich mich unbändig freue.

DIE RÜCKKEHR

Der Reporter der kleinen Zeitung ›Finnmarken‹ fragt mich, ob ich nach dieser langen Strecke Stolz empfinde. Ich glaube, er versteht mich nicht richtig. Ich empfinde nicht die Portion Stolz, die er erwartet. Natürlich bin ich froh, mein gestecktes Ziel trotz mancher Unkenrufe erreicht zu haben. Aber das steht nicht im Vordergrund. Für mich zählt nicht die Leistung. Ich bin froh, daß ich über die ganze Strecke hinweg, innerhalb des letzten Jahres Zufriedenheit entwickelt habe, die ich mir erhofft hatte. Daß ich nicht versucht habe, gegen die Natur zu kämpfen, sondern mit ihr in einer möglichst großen Einheit zu leben. Wenn auch meine kühnsten Vorstellungen nicht zur Gänze eingetroffen sind, so weiß ich diese Vorstellungen als unrealistisch einzuschätzen und bin somit nicht unzufrieden.

Deutschland holt mich viel schneller ein als ich befürchte.

Die Fähre der Hurtigrute, die mich in zwei Tagen nach Harstad bringt, ist mit deutschen Touristen überfüllt. Keito ist die Sensation. Mit gleichgültiger Miene und halbem Ohr lausche ich den Gesprächen der Passagiere. Man ist sich einig, solch einen schönen Hund noch nie gesehen zu haben. Uneinigkeit tritt erst bei der Frage der Rasse auf. Ist das nun ein Wolfshund, ein Husky oder gar ein Eskimohund? Auch über die Frage der Gefährlichkeit wird kontrovers diskutiert. Ein alter Herr verbietet seiner Frau eindringlich, dem Hund auch nur näher als fünf Meter zu kommen: ›Man weiß ja nie.‹ Mutigere wagen sich für eine Großaufnahme mit ihren Weitwinkelobjektiven schon deutlich dichter an die vermeintliche Gefahrenzone. Keito ist sehr verunsichert. Die lauten Schiffsmotoren, der kalte Stahl und die vielen Menschen sind eine Qual für ihn. Ständig vergewissert er sich meiner Nähe. Mir geht es nicht viel anders. Ich will eigentlich meine Ruhe haben. Fast schon krampfhaft versuche ich jeden Eindruck zu vermeiden, ich wäre ein Deutscher oder auch nur der deutschen Sprache mächtig. Aber lange halte ich das nicht durch. Mit einer guten Mischung aus Deutschem und Englischen fragt einer der Kamerabewaffneten, was das denn für ein Hund sei? Was soll ich machen? Ich bringe es einfach nicht übers Herz, ihm etwas vorzumachen. Von diesem Zeitpunkt an ist es mit unserer Ruhe vorbei. Scheinbar sind wir das gefundene Fressen für die von der Monotonie des Bordlebens geplagten Touristen. Während ich mir einen Kaffee in der Cafeteria genehmige, reißen sich ältere und mutige Damen um die Aufsicht Keitos. Stundenlang werde ich über alles und jedes Detail meiner Tour ausgefragt. Zäh hält man an der Auffassung fest, ich sei der Abenteurer an sich, vor ihnen stünde der letzte Waldläufer oder Polarforscher. Keine noch so ausführlichen Erklärungen und Gegendarstellungen können die Wortführer von ihrer Meinung abbringen. Von den üppigen Mahlzeiten in der Messe zweigen sie nicht geringe Mengen Fleisch und Fisch für den Hund ab. Mir quellen die Augen über, was Keito da alles schön ordentlich in Servietten eingepackt vorgesetzt bekommt. Mir bleibt mein Müsli im Hals stecken. Mit erzwungenem Selbstbewußtsein lasse ich mir bald die reservierten Portionen aushändigen: ›Der Hund ist es gewohnt, nur abends zu fressen. Ich werde ihm das Fleisch später geben.‹

Der Empfang zu Hause ist angenehmer als ich es mir habe träumen lassen. Meine drei Mitbewohnerinnen gestalten meine Ankunft nicht viel anders, als nach einer einmonatigen Abwesenheit. Ich werde nicht mit Fragen überhäuft noch sonst irgendwie bestürmt. Ich bin ihnen unendlich dankbar, denn nichts wäre mir unangenehmer, als ein großer Bahnhof. Man fordert mich nicht sonderlich, sondern läßt mir Zeit zum Eingewöhnen.

Trotzdem fällt mir die Zeit zu Hause nicht leicht. Natürlich bin ich froh, stundenlang im warmen Wasser der Badewanne liegen zu können oder einen leckeren Wein zu genießen. Aber ich fühle mich nur selten in einer Gruppe von Menschen über ein paar Stunden wohl. Der Besuch der Stadt ist mir ein Greuel. Nur absolut dringende und unaufschiebbare Besorgungen können mich in den Trubel der Innenstadt locken.

Meinen Mitmenschen fällt es nicht leicht zu akzeptieren, wenn ich mich des öfteren zurückziehe und nicht an gemeinsamen Gesprächen teilnehme. Oft fühle ich mich alleine oder nur mir Jutta zusammen am wohlsten.

TEIL III

Vorbereitung, Ausrüstung, Tips

DIE ETAPPEN

Als ich den Plan faßte, von Oslo nach Kirkenes zu gehen, habe ich mir zu Hause nur noch einige Gebiete herausgesucht, die ich gerne sehen wollte. So waren einzelne Zwischenziele wie Jotunheimen, die Lofoten und das Gebiet der südlichen Finnmark, geplant. Die einzelnen Etappen dazwischen legte ich immer erst spontan fest. Je nachdem, was die Landschaft versprach oder wo die nächste Einkaufsmöglichkeit zu finden sein sollte. Aus Gewichtsgründen wurden diese Etappen bis Bardu in Nordnorwegen nie länger als neun Tage. Erst als mir der Hund samt Schlitten einen guten Teil des Gewichts abnahmen, dehnte ich die Etappen bis zu sechzehn Tagen aus. Diese Gebiete Nordnorwegens sind derart dünn besiedelt, daß an kürzere Strecken auch nur selten zu denken war.

Ich möchte in diesem Kapitel die Etappen kurz beschreiben, die mir landschaftlich am interessantesten scheinen. Einige dieser Gebiete sind von Wandervereinen erschlossen. Die Wege sind markiert und in Tagesabständen stehen Hütten zur Verfügung. Diese Hütten werden entweder vom norwegischen Bergwanderverein DNT (Den Norske Turistforening) oder den regionalen Vereinen verwaltet. Genauere Informationen über diese Hütten und deren Schlüssel erhält man beim DNT.

Alle Jahreszeiten haben ihre Reize, aber stellen auch unterschiedlich hohe Anforderungen. Grundsätzlich kann ich keinem empfehlen, unerfahren, untrainiert und alleine auch in erschlossenen Gebieten unterwegs zu sein. Landschaften, die sich im Sommer vielleicht als lieblich darstellen, können an den Wanderer im Winter Anforderungen stellen, die denen der Arktis nicht unähnlich sind. Oft habe ich die Norweger einen sehr skeptischen Blick auf die Winterausrüstung werfen sehen. Die Skepsis gegenüber dem Touristen auf Skiern scheint mir nicht unangebracht. Fast jeden Winter hört man von tödlich verunglückten Touristen in Skandinavien. Nicht selten ist die absolute Unwissenheit die Ursache. Den Umgang mit den unterschiedlichen Anforderungen der Natur lernt man nicht nur aus Büchern, sondern in erster Linie aus eigenen Erfahrungen, die man bei kleinen auf das eigene Können und

Wissen basierenden Touren macht. Letztendlich schützt keine noch so gute Ausrüstung vor dem Unbill der Natur.

Alle Gebiete Norwegens sind mit topografischen Karten im Maßstab 1:50000 oder 1:100000 erfaßt. Als Übersichtskarten, in denen auch die Wanderwege angegeben sind, kann ich die Karten des Verlages Cappelen im Maßstab 1:325000 bzw. 1:400000 empfehlen. Alle Karten gibt es im deutschen Buchhandel oder in Norwegen vor Ort.

Øvre Telemarken

Dieses Gebiet liegt südöstlich der Hardanger Vidda. Ich lief zum Teil den Blefjellpfad entlang, ein in schneefreien Monaten gut markierter Weg. Er beginnt bei Kongsberg an der E76, verläuft parallel der Straße 8 in nördlicher Richtung, um dann in westlicher Richtung auf die Hochebene der Hardanger Vidda zu führen.

In Abständen von ca. sechs Stunden stehen Hütten ohne Bedienung zur Verfügung, deren Schlüssel beim DNT erhältlich sind.

Aufgrund der Schneeverhältnisse im Mai folgte ich dem Weg nicht auf die Hardanger Vidda, sondern lief teils querfeldein nach Norden an die Straße Nr. 8 nach Uvdal bei Rødberg.

Das Gebiet liegt nicht sehr hoch und ist infolge dessen bewaldet. Nur selten führt der Pfad über baumlose Kuppen. Die Strecke ist nicht sehr strapaziös, die Aufstiege sind nicht steil. Wenn das Wetter keinen Strich durch die Rechnung macht, sind schöne Aussichten auf bewaldete Täler und die Hardanger Vidda garantiert.

Die Hardanger Vidda ist Europas größtes Gebirgsplateau, das sich in einer Höhe von 1000 bis 1200 Metern über 7500 Quadratkilometer erstreckt. Obwohl auch dort markierte Wege und Hütten vorhanden sind, stellt dieses erheblich höhere Anforderungen an den Wanderer. Die Vidda liegt oberhalb der Baumgrenze, das Klima ist dort hart. Im Winter sind dort arktische Verhältnisse anzutreffen.

Die weiteren Etappen verliefen von Uvdal über Ål, Hemsedal nach Slidre an der E68. Meist nutzte ich kleine, für den öffentlichen Verkehr gesperrte Straßen oder lief querfeldein. Diese Gebiete sind an und für sich keine Wandergebiete, haben aber durchaus ihre Reize. Oft entdeckte ich hier sehr alte, aber um so schönere Almen, deren Hütten heute allerdings als Sommerhütten benutzt werden. Im Sommer ist auf jeden Fall mit Verkehr auf den kleinen Straßen zu rechnen.

Øystre Slidre bis Jotunheimen

Dieses Gebiet ist nun gebirgiger, wir nähern uns Jotunheimen, ›die Heimat der Riesen‹. Die Aufstiege sind folglich steiler und Blockfelder lassen sich nicht immer umgehen. Die Vegetation ist recht spärlich, dafür gibt es aber reichlich Moore und Sümpfe, die ein gutes Schuhwerk erfordern. Der Schnee auf den bis zu 1843 Meter hohen Bergen taut auch im Sommer nicht restlos ab. Ein guter Vorgeschmack auf Jotunheimen, dessen Gipfel von hier aus gut zu sehen sind. Auch hier gibt es wieder Hütten der Wandervereine.

Jotunheimen

Durch das Gebirge lief ich von Gjendesheim über den Glittertind und dann weiter nordöstlich zur Straße 51. Jothunheimen ist *das* Wandergebiet der Norweger. Im Sommer soll es geradezu überfüllt sein. Bei dieser wilden und schroffen Bergwelt ist das kein Wunder. Die Wanderwege sind so angelegt, daß sie überall ohne Kletterausrüstung begehbar sind. Allerdings gibt es hier genug Wände für denjenigen, der dem Klettersport nachgehen will. Vereinzelt sind die Höhen mit Gletschern bedeckt, schließlich beherbergt Jotunheimen 250 Gipfel, die höher als 1900 Meter sind.

Jotunheimen zählt zu den ›bestausgebautesten Wandergebieten Nordeuropas‹. Dementsprechend ist das Netz der Wanderwege und Hütten dicht.

Rondane

Der Großteil des Rondanegebirges wird von dem Rondane Nationalpark umschlossen. Auch hier kann man von einem Hochgebirge sprechen, zehn Gipfel überschreiten die 2000-Meter-Marke. Vor allem das Gebiet westlich des Rondvatnsees ist sehr schroff. Hier haben die Eiszeiten besonders tiefe Täler in das Massiv gegraben.

Nicht zu übersehen ist die sehr kärgliche Vegetation. Meist bedecken nur ein paar Moose und Flechten die Felsen – der Boden ist sehr nährstoffarm. Diese Gegend kann sehr schnell einen gespenstischen Eindruck erwecken, die riesigen Geröllhalden und die unbewachsenen Schroffen sind für unsere Augen doch ziemlich fremd.

Auch hier gibt es wieder viele, gut markierte Wanderwege und die

Hütten der Wandervereine. Das Rondanegebirge scheint mir im Sommer lange nicht so gut besucht zu sein wie Jotunheimen.

Alvdal, Femund bis Brekken

Östlich des Rondanegebirges lief ich zunächst wieder durch ein Gebiet, das dem des Rondane ähnelt. Nur liegt es tiefer und öfters verläuft der Weg unterhalb der Baumgrenze. Aber diese Steinwüsten sind auch hier noch anzutreffen.

Vor und hinter Alvdal wird die Landschaft wieder deutlich flacher, ist aber immer noch stark hügelig. Ich lief nun meist durch Wälder und nur selten führte mich der Weg über die Baumgrenze. War dies der Fall, so bescherten diese kleinen Gipfel oft hervorragende Aussichten über die umliegende Landschaft und schließlich auf den riesigen Femundsee, der eine Fläche von 202 Quadratkilometern bedeckt.

Selten liegen in diesem Waldgebiet abgelegene Bauernhöfe, diese Gegend ist recht dünn besiedelt. Dafür kann man hier aber so seltene Tiere wie den Biber beobachten.

Das Netz der Wanderwege ist hier schon erheblich weitmaschiger, Hütten sind meist in Tagesabständen erreichbar.

Brekken bis Kopperå

Auf diesem Wege kam ich durch das Wandergebiet des Sylengebirges, das sich hier grenzüberschreitend auf norwegischem und schwedischem Gebiet erstreckt. Die Eiszeiten haben diese Gegend stark eingeebnet, nur die hohen Buckel an der Landesgrenze ragen über dieses Plateau hinaus. So ist dieses Gebiet geradezu ideal für Leute, die sich nicht allzusehr strapazieren möchten. Außerdem ist es hier verhältnismäßig leicht, die zahlreichen Rentiere zu beobachten.

Die markierten Wanderwege und die Hütten liegen fast alle oberhalb der Baumgrenze, in allen kann man ein warmes Essen bekommen.

Kopperå, Gressåmoen bis Namdalen (E6)

Dieses Gebiet entlang der Grenze ist kaum erschlossen. Nur selten findet man eine abgelegene Alm oder Sommerhäuschen. Die Berge sind weniger hoch, dafür läuft man viel durch Fichten-, Kiefern- und Birkenwald, die nicht selten von der Holzwirtschaft unberührt sind. Auch findet man hier keine Wanderwege, eine Ausnahme bildet der kleine Nationalpark Gressåmoen, durch den sich ein nur schlecht markierter Weg windet. Und nur hier gibt es eine Übernachtungsmöglichkeit für Wanderer auf der dortigen Alm. Aber diese Landschaft ist sehr lieblich und nie wird es schwerfallen, einen idyllischen Platz für das Zelt zu finden.

Obwohl dieses Gebiet keine allzu großen Höhenunterschiede aufweist, so ist das Laufen ohne Weg nach einer geeigneten Karte nicht immer ohne Anstrengung.

Dafür bietet es aber viel Abwechslung für die Augen. Die Urwälder, die unberührten Sümpfe, die artenreiche Tierwelt, vom Adler über den Luchs bis zum Nerz haben ihre Reize, so man sie findet.

Für denjenigen, der die Abgeschiedenheit sucht, ist dieses Gebiet sicherlich interessant.

Namdalen bis Indre Folda

Hier wie in den folgenden Wochen lief ich wieder querfeldein. Als Leitlinie diente diesmal die alte stillgelegte Erzseilbahn von Skorovatn nach Kongsmoen an der Straße 17. Auch dieses Gebiet ist abgeschieden, wenn auch die Seilbahn ein deutlicher Wink der Zivilisation ist. Aber es ist hier durch die Schroffheit der Berge sehr beeindruckend.

Indri Folda, Bindal bis Tosbotn

Auch hier ist die Gegend sehr dünn besiedelt. Nur an den zugänglichen Stellen an den Fjorden liegen ein paar Bauernhöfe und Fischersiedlungen. Touristisch ist hier nichts erschlossen und nur im Herbst wird man in den Bergen auf Menschen stoßen, wenn die Jagdzeit beginnt. Das Gebiet südöstlich des Tosenfjordes ist enorm schroff und nicht einfach zu begehen.

Ich habe mich in dieser Landschaft nicht immer wohlgefühlt. Zwar haben mich die wilden Berge fasziniert, aber der Weg, den ich nahm, war oft sehr strapaziös. Vielleicht lag dies an meiner weniger guten körperlichen Konstitution und an dem miserablen Wetter. Aber sicher ist, daß dieses Gebiet parallel zum Fjord sehr hohe Anforderungen stellt.

Tosbotn bis Mosjøen

Auch hier sind wieder keine Wanderwege vorhanden. Die unberührten Wälder in den Tälern und die nackten Berge, die eine Höhe von 1250 Metern erreichen, bilden eine abwechslungsreiche Landschaft. Die Aufstiege sind weder allzu steil noch besonders schwer zu nehmen.

Mo i Rana, Svart Isen bis Bodø

Gleich nördlich von Mo i Rana liegen die großen Gletscher des Svart Isen, die insgesamt eine Fläche von 370 Quadratmetern bedecken. Um dieses Gebiet herum winden sich in den Tälern einige Wanderwege, die Hütten des örtlichen Wandervereins sind aber nicht sehr zahlreich. Im Sommer werden Wanderungen mit Führung über einige der interessantesten Abschnitte angeboten.

Aber auch noch andere Sehenswürdigkeiten bietet dieses Gebiet. Direkt am Polarkreis liegen Norwegens bedeutendste Höhlen. Mehr als 150 Höhlen wurden bisher entdeckt, einige reichen tiefer als zwei Kilometer in die Berge.

Zwischen diesem Gebiet und der E6 zieht sich in nördlicher Richtung ein ausgedehnteres Wandergebiet bis zum Skjerstadfjord.

Die Pfade führen meist über die wenig schroffen Kuppen der Berge und tauchen immer wieder in die Wälder der Täler ein. Obwohl hier in Tagesabständen Hütten zur Verfügung stehen, ist dieses Gebiet auch im Sommer nicht von Touristen überlaufen.

Bodø bis Røsvik

Hier fand ich keine markierten Wanderwege, das Gebiet ist touristisch nicht erschlossen. Vielleicht sind es gerade diese Gebiete, die mich besonders herausfordern. Der geeignetste Weg muß anhand der Karte selbst ausfindig gemacht werden und man ist vor Überraschungen nie sicher – gerade hier. Die Berge sind recht schroff, steilere Abbrüche müssen schon mal kletternd erobert werden. Im Herbst habe ich auch hier keinen Menschen getroffen und nur ein paar zusammengestellte Steine an einigen Seeufern zeugen davon, daß sich hier im Sommer nur wenige Freizeitfischer aufhalten.

Lofoten, Vesterålen

Diese dem Festland vorgelagerten Inseln werden traditionell von Fischern bewohnt. Hier findet man noch alte, gemütliche Siedlungen, bei denen man meint, die Zeit sei stehengeblieben. Wenn nicht gerade ein Unwetter tobt, so wirken einige dieser Dörfer, eingepfercht zwischen steil, aus dem Meer ragenden nackten Felsen wie Inseln der Idylle.

Hier gibt es weder Wanderwege noch Berghütten. In den Dörfern wird man aber rasch Übernachtungsmöglichkeiten finden. Als Attraktion gelten dabei die alten Fischerhütten, die auf Pfählen über dem Meer stehen.

Gerade die Lofoteninseln sollten für denjenigen, der am Bergsteigen interessiert ist, nicht ohne Reiz sein. Die Eiszeiten haben die Wände oft derart abgeschliffen, daß einige dieser Gipfel als unbezwingbar gelten. Hier findet der Fuß oder die Hand keinen Spalt oder Vorsprung, das Eis hat den Fels teils bis zu einer Höhe von 600 Metern glattgeschliffen.

Auf den Vesterålen dagegen findet man schon leichter begehbare Berge und Landschaften, hier ist es weniger schroff, aber deswegen noch lange nicht uninteressant.

Bardu bis Kautokeino

Von Bardu lief ich über den Altevatn entlang der norwegisch/schwedischen und später der norwegisch/finnischen Grenze nach Kautokeino, dem Zentrum der samischen (lappischen) Kultur. Vom Altevatn zur E 78 erstreckt sich ein gut ausgebautes Wanderwegenetz – in Tagesabständen sind verschlossene Hütten der Wandervereine vorhanden.

Diese Gebiete sind nahezu unberührt, im Winter halten sich hier die Rentierherden der Samen auf. Der Hauptwanderweg schlängelt sich an Gipfeln bis zu 1800 Metern vorbei. Zahlreiche Flüsse und Seen sollen recht fischreich sein, eine Angel im Gepäck lohnt sich. Dafür können die Mücken im Sommer recht lästig werden. Hier, wie auch bei den folgenden Etappen ist zu dieser Jahreszeit Mückenöl dringend angeraten.

Dieses Gebiet wird selbst in der Hochsaison wenig frequentiert, scheinbar ist diese Wildnis zu wild und unbekannt. Ohne Schwierigkeiten zu bekommen, besteht die Möglichkeit, eine Wanderung ins schwedische Gebiet auszudehnen. Das sollte man nicht ohne weiteres nach

Finnland probieren. Auf jeden Fall würde ich hier einen offiziellen Grenzübergang benutzen. Mir sind einige Fälle bekannt, bei denen grüne Übergänger erhebliche Schwierigkeiten auf finnischer Seite bekommen haben.

Hinter der E78 gibt es weder Wanderwege noch Hütten der Wandervereine. Dafür findet man öfters direkt an der Grenze einige offene Hütten der Samen.

Vier Tage vor Kautokeino wird die Landschaft erheblich flacher, nur noch abgerundete Kuppen ragen aus dem riesigen Plateau heraus. Endlose Birkenwälder erstrecken sich in dem tieferen Gebiet vor Kautokeino, sumpfiges Gelände im Sommer erfordert dichtes Schuhwerk.

Außer einem Zaun an der Grenze gibt es nur noch wenige Orientierungspunkte, einige Erfahrungen mit dem Umgang von Kompaß und Karte ist vonnöten.

Im ganzen Gebiet östlich des Altevatn sind nach wie vor der Bär, Vielfraß, Hermelin und andere seltene Tiere heimisch.

Kautokeino bis Karasjok

Auch hier sind die Höhenunterschiede gering. Knapp 300 Meter liegen zwischen den baumlosen Kuppen und den Seen. Die Landschaft ist sehr sumpfig und ist ein einziges Brutgebiet der Mücken.

Deswegen scheint mir die beste Reisezeit für den nicht Mückenresistenten zwischen Ende August und dem Mai zu liegen.

Auch hier gibt es weder Wanderwege noch Hütten. Ein Zelt ist unabdingbar.

Karasjok bis Polmak

Diese Etappe lief ich zunächst auf dem Eis des Tana bis Lævvjok. Hier werden die Berge wieder höher und erreichen eine Höhe von fast 1000 Metern. Man befindet sich wieder oberhalb der Baumgrenze. Das querfeldein Gehen bereitet nicht sonderlich viel Mühe, oft dient als Orientierungshilfe das Tal des Tanaflusses, in das ich öfters hinabsehen konnte.

Auch dieses Gebiet ist menschenleer, nur an den Ufern des Tana lümmeln sich einige weitverstreute, kleinere Bauernhöfe. In den Bergen wird man nur schwerlich Menschen antreffen.

Polmak bis Kirkenes

Während der letzten Etappe geriet ich nur für einen Tag oberhalb der Baumgrenze, die hier bei 200 Metern über dem Meeresspiegel liegt. Die Hügel sind recht flach und von einem ›raufasten‹ kann bei weitem nicht die Rede sein.

Gegen Kirkenes nimmt die Landschaft recht ungewöhnliche Formen an. Man läuft über riesige Wälle, die von den letzten Gletschern der Eiszeit hier zurückgelassen wurden. Zwischen den Birken- und Kiefernwäldern liegen wuchtige Felsen, die ganze Gegend sieht ›unordentlich‹ und wild aus.

Auch hier kann der Grenzzaun zur Orientierung dienen.

DIE VORBEREITUNG

Gegen Ende der Tour mußte ich öfters an das Jahr der Vorbereitung denken. Ein leichtes Schmunzeln war nicht zu verbergen. ›Typisch Deutsch‹, würde der (die) Norweger(in) sagen, denn meine Vorbereitung war wirklich sehr akribisch. Ich glaube, auf diese Weise hätte ich eine ganze Expedition in irgendwelche gottverlassenen Gegenden planen können.

Allein mein Nähzeug hätte ausgereicht, um sich mehrere Hemden zu nähen. Einige Gegenstände habe ich einfach zusammengestellt, ohne zu bedenken, daß ich öfters die Gelegenheit bekomme, sie zu ergänzen. Von einem Teil habe ich mich gleich zu Beginn getrennt.

Nun gut, sicher ist es besser, etwas zu umsichtig zu planen, als in der Wildnis festzustellen, daß die Ersatzdüsen des Kochers nicht im Gepäck sind und sie nur durch eine langwierige Aktion im Ausland nachbestellt werden können. Aber Norwegen ist besiedelt, wenn auch dünn. Und selbst wenn für etwas kein Ersatz zu bekommen ist, so ist die eigene Erfindungsgabe und Improvisationsfähigkeit gefordert.

Die psychische Vorbereitung

Mir brannten die Fragen unter den Nägeln, wie die lange Einsamkeit auf den Menschen wirkt, wie ein mehrmonatiger Aufenthalt in arktischer Kälte zu verkraften sei. Damit läutete ich gleich zu Beginn die Phase der mentalen Vorbereitung ein. Diese psychische Auseinandersetzung mit dem, was da auf einen zukommen kann, halte ich für den wichtigsten Punkt der gesamten Vorbereitung. Denn was nützt mir die wärmste Kleidung oder der ausgeklügelste Schlafsack, wenn ich nicht weiß, wie ich mich der Kälte gegenüber zu verhalten habe, oder in Extremsituationen den Mut verliere. Ich möchte sogar soweit gehen und behaupten, daß die meinetwegen antarktiserprobte Thermokleidung vor der Kälte nicht schützen wird, wenn die mentale Vorbereitung auf die Kälte und des Umganges mit ihr nicht vorhanden war. Der Zweifler sollte vielleicht einmal an einem warmen Sommertag den Inhalt seiner −20° C kalten Kühltruhe umsortieren und die Zeit stoppen, bis ihm die Finger kalt werden. Dann sollte er einen windstillen, −20° C kalten Tag im Winter abwarten, um dann draußen wieder mit bloßen Händen zu arbeiten. Schnell wird ihm auffallen, daß im Winter die Finger bei derselben Temperatur sehr viel langsamer kalt werden als im Sommer in der Gefriertruhe.

Im Sommer ist der Körper ganz einfach nicht auf so tiefe Temperaturen vorbereitet und vermag nicht angemessen zu reagieren.

Deswegen sollte man die psychische Vorbereitung nicht unterschätzen. Durch sie gelingt es uns, in schwierigen Situationen richtig und überlegt zu handeln. Was nützt der beste Schlafsack, wenn wir es nicht schaffen, in ihn hineinzusteigen, weil uns der überraschend hereingebrochene Schneesturm panisch oder einfach falsch hat reagieren lassen.

Die beste Vorbereitung sind sicherlich die eigenen Erfahrungen. Sie sind durch nichts zu ersetzen. Aber es gibt eben die Erfahrungsberichte, von denen man wertvolle Tips und Anregungen beziehen kann. Ich habe in dem Jahr vor der Tour viel gelesen und mich mit Menschen unterhalten, die sich ähnlichen Bedingungen ausgesetzt hatten, wie ich sie erwartete. So konnte mir zum Beispiel Arved Fuchs, der gerade von seiner Grönland-Durchquerung zurückkam, sehr viele Anregungen geben.

Auf der Tour selber wurde mein Leitsatz bestätigt, daß die Natur immer stärker ist als ich. Niemals kamen mir die Abenteuerstories von jenen, die sich da mannhaft durch Schneestürme und sonstigen Unwettern pflügen, ganz geheuer vor. Wenn man ein wenig die Lebensweisen der Naturvölker studiert, so wird einem sehr schnell ihr besonderes Verhältnis zu den Naturkräften deutlich. Nie habe ich gelesen, daß sich ein Naturvolk über die Natur gestellt hat oder der Meinung war, gegen sie kämpfen zu müssen. Nur das Bewußtsein der eigenen Kräfte und das Wissen um die Naturgewalten hat es ihnen ermöglicht, auch in extremen

Gebieten zu überleben. Sie haben sich den Bedingungen angepaßt und nicht umgekehrt.

Die Sprache

Neben der Geldbeschaffung war mir das Erlernen der norwegischen Sprache sehr wichtig. Mehr als vielleicht zehn Wörter konnte ich nicht zu meinem Sprachschatz rechnen, zu wenig, um sich unterhalten zu können. Und das ist von unschätzbarem Wert, gerade wenn man sich alleine aufmachen möchte. Früher oder später kommt das Bedürfnis, sich auszutauschen, sich zu unterhalten. Die Einsamkeit ist leichter zu ertragen, wenn die Möglichkeit besteht, sich mit den Menschen im nächsten Ort verstehen zu können. Und sei es auch nicht viel mehr wie der letzte Wetterbericht, den die schweigsamen Norweger mitteilen, es ist immerhin schon etwas. Spürt der Gesprächspartner, daß man zumindest etwas mit der Sprache umgehen kann, so entwickelt sich schneller eine kleine Unterhaltung. Dabei erfährt man vielleicht nicht nur, wo sich der nächste Lebensmittelladen befindet, sondern auch einige Informationen über die Landschaft und den besten Weg der anstehenden Etappe. So etwas können dann Sternstunden in der Abgeschiedenheit sein.

Welche Dinge sind brauchbar

Sehr hilfreiche Ratschläge bekommt man von denen, die in oder an dem Gebiet wohnen, in das man selbst möchte. Sei es in Fragen der Kleidung oder Verhaltensweisen, diese Ratschläge wird man in keinem Buch und schon gar nicht in den Prospekten der Ausrüster finden. Wieso soll eine Faserpelzjacke aus Plastik besser sein als mein dicker Wollpullover? Oft war ich von der Werbung, die mir das Beste vom Besten und das Sicherste dazu versprach, beeindruckt. Aber ich glaube heute, daß einfachere Ausrüstungsgegenstände genauso gut, wenn nicht besser, den Zweck erfüllt hätten. Als Beispiel möchte ich nur meine Wärmeschuhe für das Zelt erwähnen. Nach kurzer Zeit war die Kunstfaserisolierung zusammengetreten und die Wärmeleitung somit gemindert. Auf die Rentierfellschuhe der Samen dagegen wurde ich richtig neidisch. Sie werden mit Gras ausgepolstert und halten den Fuß sehr gut warm. Auch ihre Einsatzmöglichkeiten sind erheblich weiter gesteckt, man kann sie als ganz normales Schuhwerk bei Schnee benutzen. Solche

Erkenntnisse gewinnt man nicht in einem Geschäft in der Großstadt, sondern nur bei den Einheimischen.

Oft ist es von Vorteil, verschiedene Dinge selbst herzustellen. Das mag bei den Socken beginnen. Überraschungen über die schlechte Qualität der Wolle oder deren Verarbeitung bleiben erspart und sie können absolut paßgenau gestrickt werden, während es in den Geschäften nur Standardgrößen gibt.

Auch ist mein Verhältnis zu selbstgebastelten Dingen ein anderes, als zu den gekauften. Ich weiß sie besser zu schätzen und gehe mit ihnen sorgfältiger um. Vor allem sind diese Dinge leichter zu reparieren, schließlich weiß ich um die Herstellungsart.

Heute wird sehr viel aus Plastik hergestellt oder in den verschiedensten Produkten beigemischt. Sicher hat es enorme Vorteile. Es ist leicht und wenn es nicht allzu kalt ist, meist sehr haltbar. Ich würde mich nie für ein imprägniertes Baumwollzelt entscheiden, weil ein Zelt aus Nylon oder Polyester sehr viel leichter, wasserdichter und haltbarer ist – so ich überhaupt eins brauche. Aber Plastikprodukte haben auch Nachteile, die nicht unerheblich sein können. Plastik brennt oder schmilzt sehr schnell. Einige Funken vom Lagerfeuer lassen das Baumwoll/Polyestergemisch der Hose oder des Anoraks löchrig werden. Plastikunterwäsche auf der Haut finde ich sehr unangenehm und nach einiger Zeit fängt sie an zu riechen.

Plastik wird bei Kälte sehr steif und spröde. So hatte ich mir eine Trinkflasche besorgt, von der man mir sagte, die Plastikmischung sei extra für tiefe Temperaturen konzipiert. Nicht einmal drei Wochen konnte ich sie im ursprünglichen Zustand gebrauchen, dann hielt sie nur noch aufgrund übermäßigen Leukoplastgebrauchs für ein paar Stunden das Wasser.

Sicherlich hätte ich diese Flasche nicht mitgenommen, wenn ich auch sie vorher getestet hätte. Das empfiehlt sich bei allen Dingen, die auf die Reise mitgenommen werden sollen. Die Schuhe sollen während der Tour nicht drücken, also muß ich sie einlaufen bzw. mein Fuß soll sich an sie gewöhnen. Auch ist es unangenehm, wenn erst auf der Tour die Naht der Hose reißt oder der schlecht vernähte Hüftgurt am Rucksack die Last nicht mehr trägt. So etwas ist zu Hause viel einfacher zu reparieren.

Gefettete, bewegliche Teile können bei tiefen Temperaturen ihre Beweglichkeit einbüßen. Fett hat die Angewohnheit, bei Frost zu verharzen. So ist es möglich, daß sich die vorgewählte Blende beim

Fotoapparat nicht mehr einstellt, oder der Verschluß seine Arbeit nur noch ganz gemütlich versieht. Auch nicht jedes Filmmaterial ist bei Frost zu gebrauchen. Deswegen empfiehlt sich der Test bei den Temperaturen, die man erwartet.

Hund und Schlitten

Die Winterausrüstung versprach recht umfangreich und schwer zu werden. Die warme Kleidung, der wärmere Schlafsack, der Petroleumkocher und nicht zuletzt die größeren Lebensmittel und Brennstoffvorräte, die durch die längeren Etappen im Norden notwendig wurden, waren allein auf dem Rücken nicht zu tragen.

Da mir der Heroismus, einen Schlitten selbst zu ziehen, fehlte, kam ich auf das Nächstliegende, mir einen Hund für diese Aufgabe anzuschaffen.

Außerdem würde mir der Hund ein wenig Gesellschaft in der Einsamkeit bieten.

Ich hätte mir gern schon in Deutschland einen Hund besorgt, um mit ihm die Tour von Anfang an zu machen. Aber die Einfuhr von Tieren nach Norwegen ist sehr erschwert. Hier ist zum Beispiel die Tollwut ausgerottet und man will mit allen Mitteln verhindern, daß sie vom Kontinent eingeschleppt wird. Tiere, die eingeführt werden sollen, müssen vorher in norwegische Quarantäne gegeben werden und das hat den stolzen Preis von etwa 2500 DM. Dafür hätte ich mir schon fast ein ganzes Rudel in Norwegen kaufen können.

Für mich war es keine Frage, einen Schlittenhund zu besorgen. Zwar ziehen andere Hunde auch einen Schlitten, aber sie haben keinen so dichten Pelz wie die üblichen Schlittenhunde und das war mir bei den zu erwartenden Temperaturen wichtig. Dafür ist so ein Hund bei sommerlichem Wetter nicht zu belasten. Er würde entweder die Arbeit verweigern oder zugrunde gehen. Ein Hund schwitzt ja nicht, er kann sich nur über das Hecheln abkühlen. Das würde einem arbeitenden Husky bei höheren Temperaturen nicht reichen.

Keine Frage war die Verwendung einer Pulka als Schlitten. In gebirgigem und unwegsamen Terrain scheint mir die Pulka unschlagbar. Der oder die Hunde können sie anhand des Zuggestells gut lenken. Aufgrund ihrer Wannenförmigkeit sinkt sie selbst in sehr losem Schnee nicht ein. Zwei kleine Kufen kommen auf hartem Schnee oder Eis zum Tragen.

Die Pulka kann man in verschiedenen Größen kaufen oder selbst bauen. Die schwedische Firma Segebaden zum Beispiel bietet Pulkas aus Holz und Glasfiber an. Die längste mißt 2,15 Meter und kann schon eine ganze Menge Gepäck aufnehmen.

Das Zuggestell habe ich mir aus Manilarohr selbst gebogen. Es ist unglaublich flexibel und haltbar. Selbst als Keito sich mehrere Male samt Pulka überschlug, konnte ich weder am Schlitten noch Zuggestänge Schäden feststellen.

Sollen zwei oder mehr Hunde vor den Schlitten gespannt werden, ist eine stabile Bremse unabdingbar.

Proviant

In bestimmt 90% der norwegischen Lebensmittelgeschäfte ist der Proviant für den Rucksack zu finden. Die einzige Ausnahme bildet das Trockengemüse, welches ich noch nirgends entdecken konnte.

Dafür bietet das Sortiment fast immer fettes und mageres Trockenmilchpulver, bessere Tütensuppen als die in der BRD sind erhältlich, Vollkornmehle, Speck usw.

Allerdings ist alles, mit Ausnahme der Mehle, erheblich teurer und der Liter Spiritus ist nur selten unter 10,– DM zu bekommen.

Für den Rucksack empfiehlt sich nur getrocknete und dehydrierte Nahrung. Sicherlich ist die Frischmilch oder das Fertiggericht aus der Dose geschmackvoller, aber das mehrfache Gewicht der frischen Nahrung oder des Dosentopfes ist ein vielfaches und auf längeren Touren nicht tragbar.

Wer auf die gekaufte Trockennahrung nicht sonderlich zu sprechen ist, der kann sich zu Hause im Trockenapparat oder im Backofen das meist auch selbst trocknen. Früchte, Gemüse, Fleisch und Fisch lassen sich ohne große Schwierigkeiten dehydrieren.

Als Beispiel möchte ich eine Einkaufsliste für eine Person und Woche anführen. Sehr abwechslungsreiches läßt sich aus diesem Proviant nicht kochen. Doch dem Ideenreichtum ist keine Grenze gesetzt. Die Kräuter der Natur und der Fisch im See oder Fluß sind Delikatessen, nach denen der Feinschmecker trachten sollte.

Frühstück

750 g	Haferflocken
250 g	Nüsse
250 g	Rosinen
1000 g	Vollkornmehl
	Trockenhefe
	Trockenmilch
	Wurst
	Käse
	Butter
	Tee

Abendessen

500 g	Nudeln
500 g	Reis
250 g	Gries oder Milchreis
500 g	Speck
	Tütensuppen
	Trockenfrüchte
	Trockengemüse
	Margarine
	Tomatenmark
	Gewürze
	Salz
	Zucker

Im Winter wurde das Essen mit mehr Fett und Proteinen angereichert.

Die oben angeführten Nahrungsmittel versorgen den Körper mit allen notwendigen Vitaminen und Mineralien mit Ausnahme des Vitamin C. Wenn die Beeren in den Wäldern reif werden, ist die Versorgung mit dem Vitamin kein Problem.

Ansonsten deckt eine Tasse Tannennadeltee den täglichen Bedarf an dem Vitamin C.

Das Hundefutter sollte aus Fleisch- und/oder Fisch(abfall) bestehen. *Kein* Trockenfutter versorgt den Hund so gut und ausreichend mit der notwendigen Energie wie Fleisch oder Fisch. Woran das liegt, wird unter den Schlittenhundfahrern Skandinaviens heiß diskutiert. Scheinbar kann pflanzliches Eiweiß dem Hund nicht das geben, was tierische Proteine vermögen.

Auf ausreichendes Fett in dem Hundefutter sollte geachtet werden. Arbeitet der Hund sechs Stunden oder mehr am Tag, so sollte er nicht weniger als 800 Gramm bekommen. Wird Trockenfutter verfüttert, so reichen 500 Gramm, wobei 100 Gramm Fett zugesetzt werden muß. Bei dieser Rechnung fällt auf, daß bei Verwendung des Trockenfutters erheblich weniger Gewicht anfällt. Allerdings zieht ein Hund das Mehrgewicht bei Fisch- oder Fleischfutter anstandslos, da ihn dieses Futter besser kräftigt.

Artikel	Hersteller	Bemerkung	Anzahl
Rucksack Lothse	Lowe	Innengestell	1
Schlafsack Dunfill	Caravan	Daune/Hollofil	1
bzw. Tyin	Ajungilak	Hollofil	1
Zelt Camp III	Fjällräven	Doppelwand	1
Stiefel Alaska	Lundhag	Schaftstiefel	1 Paar
Turnschuhe			1 Paar
Messer Hunter	Brusletto	Fahrtenmesser	1
Kocher, Brenner	Optimus	Spiritus	1
Kochtopf		Hordentopf 3,51	1
Brennstoffflasche		Sicherheitsfl.	1
Löffel			1
Weithalsbehälter		Plastik	div.
Beil		zeitweise	1
Reepschnur		30 Meter, 6 mm	1
Angel	match	Teleskop	1
Angelhaken, Blinker, Schnüre			div.
Schuhwachs	Nikwax		1
Isoliermatte			1
Jacke	Salewa	Thinsulate	1
Grönlandjeans	Fjällräven	B. Wolle/Polyester	2
Mütze Balaklava		Wolle	1
Handschuhe		Wolle	1 Paar
Überhandschuhe		Wolle/Polyester	1 Paar
Halstuch			1
Unterhemden		Baumwolle	3
Unterhosen		Baumwolle	3
Hemden		Baumwolle	2
Pullover		Wolle	1
Socken, Strümpfe		Wolle	6 Paar
Turnhose		Baumwolle	1

Artikel	Hersteller	Bemerkung	Anzahl
Beinlinge	Eigenbau	Goretex	1 Paar
Poncho	US Armee		1
Kompaß	Wilkie		1
Thermometer			1
Schal		Wolle	1

Winterausrüstung; zusätzlich oder im Austausch

Artikel	Hersteller	Bemerkung	Anzahl
Pulka T1	Segebaden	Holz	1
Zuggestänge	Eigenbau	Manilarohr	1
Pulka Geschirr	Segebaden	Leder	1
Ski, Telemark	Åsnes	quickstep, Stahlk.	1 Paar
Ski Bindung	Kaby	Jaemtkaengaen	1 Paar
Ersatzseilzüge			4
Skistöcke			1 Paar
Gamaschen			1 Paar
Unterhosen lang			
Duplo	Helly-Hansen	Wollgemisch	1
Faserpelz	Helly-Hansen	Kunststoff	1
Unterhemd Duplo	Helly-Hansen	Wollgemisch	2
Jacke, Faserpelz	Helly-Hansen	Kunststoff	1
Schneebrille			1
Schlafsack			
Tyin Elite	Ajungilak	Hollofil	1
Daunenjacke	Hebo		1
Kocher, Nr. 625	Phoebus	Petroleum	1
Ersatzdüsen			4
Wärmeschuhe	Ajungilak	Hollofil	1 Paar

Medikamente: Pflaster, Mullbinden, elastische Binden, Skalpellklingen, Leukoplast, Schmerzmittel, Schlafmittel, Antibiotika, Salbe gegen Verstauchungen, Zerrungen etc., Desinfektionsmittel, Vaseline, Sonnenschutzöl.

Fotoausrüstung: Canon F1, Canon 35–105 mm bzw. Tokina 35–200 mm.
Filme: Kodachrome 25 und 64, Ektachrome 100.
Kameratasche: Lowe.

Sonstiges: Reparaturset bestehend aus Flachband, Zeltschnur, Rucksackschnallen, Näh-, Stopf- und Ledernadeln, Zwirn, Stopfwolle, Knöpfe, Nieten, Leder- und Stofflicken, Gewebeklebeband, Sicherheitsnadeln, Schreibzeug bestehend aus Bleistiften, Kugelschreiber, Tagebuch, Briefpapier, Reclam Bücher.

BIBLIOGRAPHIE

»Bergwandern in Norwegen«
Norwegen
Norwegische Zentrale für Fremdenverkehr, Oslo

Rainer Höh, »Survival-Handbuch für die Wildnis«
»Winterwandern«
»Die Rucksackküche«
Im Buchvertrieb Gerda Schettler

Eva Maria Helm, »Feld-, Wald- und Wiesenkochbuch«

»Richtig reisen«, Norwegen

Arved Fuchs, »Abenteuer Arktis · Spuren im Eis«,
Stuttgart

ADRESSEN

Den norske Turistforening DNT
Stortingsgt. 28
Oslo 1

Königlich Norwegische Botschaft
Gotenstraße 163
5300 Bonn

Norwegisches Fremdenverkehrsamt
Hermannstr. 32
2000 Hamburg 1